朝鲜族聚居的延边地区，是一个山清水秀、风光绮丽的好地方。这里属长白山丘陵地带，国家认定的自然保护区达十处之多，约占延边土地总面积的三分之一。纵观山川地貌、生态植被，群山耸立，峡谷纵深，整个延边就是一个天然的自然生态保护区。

走近中国少数民族丛书

主　编/丹珠昂奔

朝鲜族

Chaoxianzu

黄有福　著

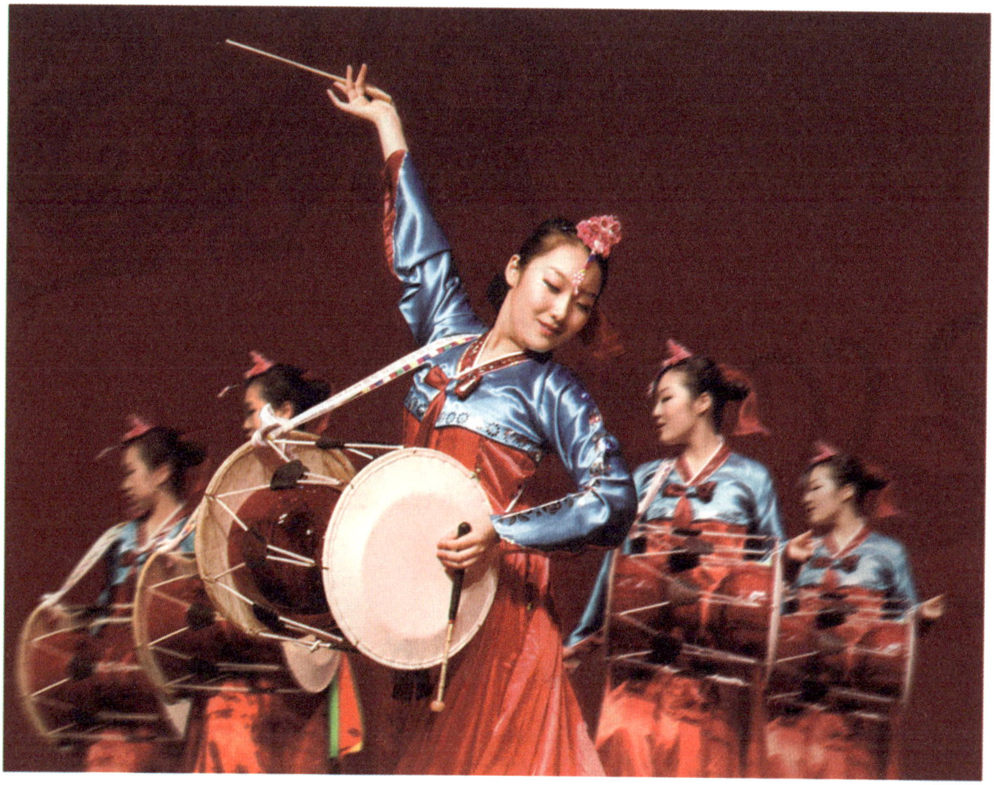

辽宁民族出版社

图书在版编目（CIP）数据

朝鲜族 / 黄有福著. —2版. —沈阳：辽宁民族出版社，2014.12

（走近中国少数民族丛书 / 丹珠昂奔主编）

ISBN 978-7-5497-0976-2

I. ①朝… II. ①黄… III. ①朝鲜族—民族历史—中国 ②朝鲜族—民族文化—中国 IV. ①K281.9

中国版本图书馆CIP数据核字（2014）第310530号

走近中国少数民族丛书·朝鲜族

ZOUJIN ZHONGGUO SHAOSHUMINZU CONGSHU·CHAOXIANZU

丛书策划 / 李凤山

出版发行者：辽宁民族出版社
地　　址：沈阳市和平区十一纬路25号　邮编：110003
印 刷 者：沈阳市北陵印刷厂有限公司
幅面尺寸：170mm×240mm
印　　张：12.5
字　　数：180千字
出版时间：2014年12月第2版
印刷时间：2014年12月第1次印刷
责任编辑：李凤山　吴昕阳　金顺玉
封面设计：杜　江
责任印制：杨　雪
责任校对：边京爱　林　华

标准书号：ISBN 978-7-5497-0976-2
定　　价：38.00元

法律顾问：陈　光

网　　址：www.lnmzcbs.com
举报电话：024-23284336
邮购电话：024-23284335
联系电话：024-23284340
淘宝网店：lnmz2013.taobao.com

《走近中国少数民族丛书》编辑委员会

《走近中国少数民族丛书》作者名录

《蒙古族》 萨仁图娅（蒙古族）
《回族》 许宪隆（回族） 张龙（汉族）
《藏族》 丹珠昂奔（藏族）
《维吾尔族》 艾克拜尔·吾拉木（维吾尔族）
买力克·买买提（维吾尔族）
伊利迪尔（维吾尔族）
《苗族》 石莉芸（苗族） 李云兵（苗族）
《彝族》 陈国光（彝族）
《壮族》 黄佩华（壮族）
《布依族》 周国炎（布依族）
《朝鲜族》 黄有福（朝鲜族）
《满族》 于今（满族）
《侗族》 杨筑慧（侗族）
《瑶族》 玉时阶（壮族）
《白族》 董建中（白族）
《土家族》 罗中（土家族） 罗午（土家族）
《哈尼族》 朱志民（哈尼族） 李泽然（哈尼族）
《哈萨克族》 艾克拜尔·米吉提（哈萨克族）
伊拉达·拉音别克（哈萨克族）
《傣族》 赵瑛（傣族）
《黎族》 罗文雄（黎族）
《傈僳族》 鲁建彪（傈僳族） 欧光明（傈僳族）
《佤族》 郭锐（佤族）
《畲族》 钟亮（畲族）
《台湾少数民族》 林华（台湾少数民族）
《拉祜族》 苏翠薇（拉祜族）
《水族》 韦学纯（水族）
《东乡族》 马兆熙（东乡族） 马自祥（东乡族）
《纳西族》 白庚胜（纳西族） 孙淑玲（汉族）
白羲（纳西族）
《景颇族》 金黎燕（景颇族）
《柯尔克孜族》 阿地里·居玛吐尔地（柯尔克孜族）
《土族》 祁进玉（土族） 东永学（土族）
《达斡尔族》 毅松（达斡尔族）
《仫佬族》 黎学锐（仫佬族） 黎炼（仫佬族）
《羌族》 雍继荣（羌族） 罗吉华（羌族）
周发成（羌族）
《布朗族》 陶玉明（布朗族）
《撒拉族》 马成俊（撒拉族） 马建新（撒拉族）
《毛南族》 韩德明（汉族）
《仡佬族》 周小艺（仡佬族）
《锡伯族》 阿苏（锡伯族） 盛丰田（锡伯族）
何荣伟（锡伯族）
《阿昌族》 们发延（阿昌族） 张斯齐（蒙古族）
《普米族》 朱凌飞（汉族） 杨周明（普米族）
《塔吉克族》 西仁·库尔班（塔吉克族）
阿力木江·西仁（塔吉克族）
《怒族》 李月英（傈僳族） 张芮婕（傈僳族）
《乌孜别克族》 吾尔买提江·阿布都热合曼（乌孜别克族）
《俄罗斯族》 乃珂热曼·依布拉音（塔吉克族）
《鄂温克族》 黄任远（汉族） 那晓波（鄂温克族）
《德昂族》 袁丽华（汉族） 王燕（汉族）
《保安族》 马少青（保安族）
《裕固族》 董潇红（裕固族） 王政德（藏族）
《京族》 吕俊彪（汉族）
《塔塔尔族》 卡米力·库尔马尤夫（塔塔尔族）
《独龙族》 李金明（独龙族）
《鄂伦春族》 王为华（汉族）
《赫哲族》 黄任远（汉族）
《门巴族》 陈立明（汉族） 张媛（汉族）
《珞巴族》 陈立明（汉族） 李锦萍（汉族）
《基诺族》 朱映占（汉族）

总序

中国是一个统一的多民族国家，几千年来，有着悠久历史和灿烂文化的少数民族，与汉族一道，在中华大地上繁衍生息，共同开发着这块土地，建设、发展、捍卫着这个古老而伟大的国家。各民族都是兄弟，相互离不开，都是这个国家的主人。习近平总书记在第二次中央新疆工作座谈会上发表重要讲话，指出："要坚定不移坚持党的民族政策、坚持民族区域自治制度。民族团结是各族人民的生命线。要高举各民族大团结的旗帜，在各民族中牢固树立国家意识、公民意识、中华民族共同体意识，最大限度团结依靠各族群众，使每个民族、每个公民都为实现中华民族伟大复兴的中国梦贡献力量，共享祖国繁荣发展的成果。各民族要相互了解、相互尊重、相互包容、相互欣赏、相互学习、相互帮助，像石榴籽那样紧紧抱在一起。要在各族群众中牢固树立正确的祖国观、民族观，弘扬社会主义核心价值体系和社会主义核心价值观，增强各族群众对伟大祖国的认同、对中华民族的认同、对中华文化的认同、对中国特色社会主义道路的认同。"因此，坚持平等、团结、互助、和谐的社会主义民族关系，不断增进了解、紧密关系，深化友谊、建立牢不可破的感情基础，是中国社会转型期、改革攻坚期、矛盾多发期保持社会稳定、发展的基本要求，也是实现中华民族伟大复兴的中国梦的基本要求。

为了进一步宣传我国少数民族的历史文化和民族风情，增强对少数民族的认识，宣传党的民族政策和方针，加强各民族之间的了解与沟通，让读者了解少数民族文化，加深对我党民族政策的理解，中华人民共和国国家民族事务委员会文化宣传司和辽宁民族出版社共同策划了《走近中国少数民族丛书》。

依据上述原则，《走近中国少数民族丛书》的编写有以下三个特点：第一，采用图文并茂的形式、鲜活生动的语言、特色浓郁的图片以及丰富的民族常识链接，向读者展示我国55个少数民族的历史渊源、民族变迁、社会生活、文化艺术、风俗习惯、历史人物和民族区域自治政策的伟大实践。第二，作者多为本民族专家学者和与民族研究工作相关的专家学者，对自己撰述的对象既有深厚知识积累，也有真挚情感。第三，内容彰显了历史与现实、民族文化与地域文化、民族区域自治地方与散杂居地区少数民族生产生活的多彩画卷和轨迹，引导读者走近少数民族，聆听他们的古老传说，感受他们的发展变化，加深彼此的沟通和了解。这套《走近中国少数民族丛书》是面向民族干部和各级干部通览我国少数民族概况的普及读本，也是图书馆必备藏书。

《走近中国少数民族丛书》所揭示的每一个民族的历史，都承载着这个民族的文化，也承载着这个民族的发展和未来。中华大地孕育的55个少数民族多彩斑斓的民族文化，同汉族文化一道从远古走到今天，汇入了中华文化壮阔的历史长河。“共同团结奋斗，共同繁荣发展”，保护、传承和弘扬少数民族优秀文化，不仅是推动我国民族团结进步事业的重要内容，也是构建和谐社会、实现中华民族伟大复兴的中国梦的重要使命。期待通过《走近中国少数民族丛书》，使广大读者徜徉于少数民族多彩风情的同时，更加深刻地了解和认知中华民族多元一体的文化内涵，感受中华民族悠悠历史的深远与厚重。

丹珠昂奔

2014年6月26日

前言 

朝鲜族 《阿里郎》的旋律使人陶醉

阿里郎，阿里郎，阿拉里哟！
阿里郎越过那含恨的山岭，
……

在朝鲜族传统聚居地区，无论是在耕作的田间，还是在节日的盛会，我们随时都可以听到动人的《阿里郎》歌声。这是一首朝鲜族男女老少皆喜爱的民谣。相传，朝鲜族的祖先曾在上古时期有过民族大迁移，当他们越过阿里郎山岭时，创作了这首民谣。漫长的岁月过去了，但它那忧伤的曲调始终伴随着朝鲜族人民世代相传下来。当朝鲜族从苦难的深渊得救时，《阿里郎》的曲调也变成如今的欢乐之歌：

晴朗的天空里繁星数不尽，
我们美好的日子呀唱不完。

是呀，没有一首民歌能够像《阿里郎》那样生动地反映出朝鲜族的过去和现在。

据我国2000年人口普查资料，朝鲜族人口为1 923 842人，主要分布在吉林、黑龙江、辽宁三省的松花江、辽河、浑河、图们江、鸭绿江、牡丹江流域。其中，吉林省朝鲜族人口为1 145 688人，黑龙江省为388 458人，辽宁省为241 052人。其余148 000多朝鲜族散居于山东、内蒙古、北京、河北、天津等地。

随着改革开放的深入，越来越多的朝鲜族农民离开自己的故土，进入到京津地区、黄河下游地区、长江下游地区、珠江三角洲地区的大城市打工或从事餐饮、旅游及制造、贸易等行业的经济活动。

朝鲜族是从朝鲜半岛迁移过来的移民及其后代构成的民族群体，是中国少数民族成员之一。朝鲜族群体成员必须具备如下两个条件：其一，移民者及其后代必须是中华人民共和国的公民；其二，移民者及其后代必须是经有关行政部门认定其民族成分为朝鲜族者。那些并没有取得中国国籍的朝鲜移民者及其后代（如朝鲜侨民、韩国侨居者），或是已被融合到其他民族群体的朝鲜移民者的后代并不能称为朝鲜族。朝鲜族的历史长达150余年，但是真正作为新中国的主人——中国少数民族的一员，形成朝鲜族共同体的时间是从1949年9月全国人民政治协商会议的召开起到1952年9月延边朝鲜族自治州的成立止。

朝鲜族具有光荣的革命传统。在中国共产党的领导下，为抗日战争和解放战争的胜利立下了汗马功劳。在我国的长城内外、大江南北，到处留下了朝鲜族革命者的足迹，洒下了朝鲜族革命烈士的鲜血。毛泽东主席曾说："中华人民共和国灿烂的五星红旗上，染有朝鲜革命烈士的鲜血。"

朝鲜族也是吃苦耐劳、富于开拓精神的民族。在寒冷的东北地区开垦水田是朝鲜族的一大贡献，他们直接或间接地开发了东北地区2000万亩的水田。朝鲜族农民以顽强的毅力和无穷的智慧克服了无霜期短、气候寒冷等种种困难，开垦了野草丛生的荒原，用血汗建设了今天的绿色水稻之乡。

重视教育、崇尚文化是朝鲜族的一大特点。在我国各民族中，朝鲜族的教育普及率较高，人口中的大学生比例也很高。朝鲜族在卫生、体育、文艺、科技等领域也取得了相当可观的成绩。

朝鲜族最大的聚集区是成立于1952年的吉林省延边朝鲜族自治州（初称延边朝鲜民族自治区）。2008年全州人口218.7万，其中朝鲜族80.6万人，朝鲜族人口占全州人口的36.8%；延边朝鲜族占我国朝鲜族总人口的40.5%。延边朝鲜族自治州位于吉林省东部，地处中、俄、朝三国交界，东与俄罗斯滨海边疆区接壤，南隔图们江与朝鲜咸镜北道、两江道相望，濒临日本海。自治州下辖延吉、图们、龙井、和龙、珲春、敦化六市及安图、汪清二县，全州面积4.27万平方公里，约占吉林省总面积的四分之一。朝鲜族另一个聚居区是吉林省长白朝鲜族自治县，位于吉林省东南部，处于长白山的怀抱之中，2000年全县朝鲜族人口1.36万。

朝鲜族聚居的延边地区，是一个山清水秀、风光绮丽的好地方。这里属长白山丘陵地带，国家认定的自然保护区达十处之多，约占延边土地总面积的四分之一。纵观山川地貌、生态植被，群山耸立，峡谷纵深，整个延边就是一个天然的自然生态保护区。享有盛名的长白山，气势雄伟，风光奇特，景色秀美，长白山主峰白头山海拔2 744米，是我国东北地区第一高峰，山顶上的天池宛若一块晶莹剔透的碧玉，是闻名中外的旅游胜地。天池是鸭绿江、图们江和松花江的源头，北侧的瀑布悬空而落，浩浩清流奔涌直泻，流入松花江。气势磅礴、奔流不息的海兰江、布尔哈通河、嘎呀河、珲春河、古洞河等碧波粼粼，蜿蜒回环，滋润着肥沃的延边这块土地。地处中、朝、俄三国交界的珲春市防川，则呈现出“鸡鸣闻三国，犬吠惊三疆”的独特边境风貌，这里距图们江出海口——日本海仅有15公里，天晴之日依稀可见湛蓝的日本海，是旅游者向往的圣地。

朝鲜族聚居的这片土地，不仅山川灵秀，而且物产丰美。大面积的原始森林覆盖着起伏重叠的山峦，素有“长白林海”之称，是我国重要的林业基地之一。延边朝鲜族自治州现有林地面积近322.8万公顷，森林覆盖率达79.6％，林木总储量3.52亿立方米；长白县林地面积23万公顷，森林覆盖率85%，林木蓄积量达2 000万立方米。在浩瀚无边的林海中，盛产各种药材、山货和土特产，最著名的是“人参、貂皮、鹿茸角”三宝及纤维、油料、香料、染料等植物资源；密林深处，栖息着东北虎、梅花鹿等多种野生动物；地面以下，蕴藏着丰富的矿产资源，如铜、铅、锌和金矿，自清朝时就已经开始开采。

朝鲜族居住地区是我国北方著名的“水稻之乡”。享有盛名的五常大米、延边大米，清香扑鼻，清代延边龙井县明岩乡所产大米就曾被钦定为“贡米”。这里还是我国重要的烟叶产区，延边朝鲜族自治州烟叶种植面积已达7000多公顷，年产量1万多吨。著名的苹果梨，果大、汁多、核小，酸甜适度，主产于延边朝鲜族自治州，目前种植面积已达1万多公顷，年产量7万吨左右。此外，人参、党参、贝母、山葡萄、松茸、木耳、元蘑等，也是朝鲜族地区的特产。

随着国家的改革开放和社会主义市场经济的发展，朝鲜族面临着新的发展机遇的同时，也遇到了许许多多新的问题和考验。朝鲜族在新的历史条件下，继承和发扬优良传统，积极进取，迎接新的挑战，不断谋求新的发展和进步，为建设具有中国特色的社会主义国家而做出新的贡献。

目录

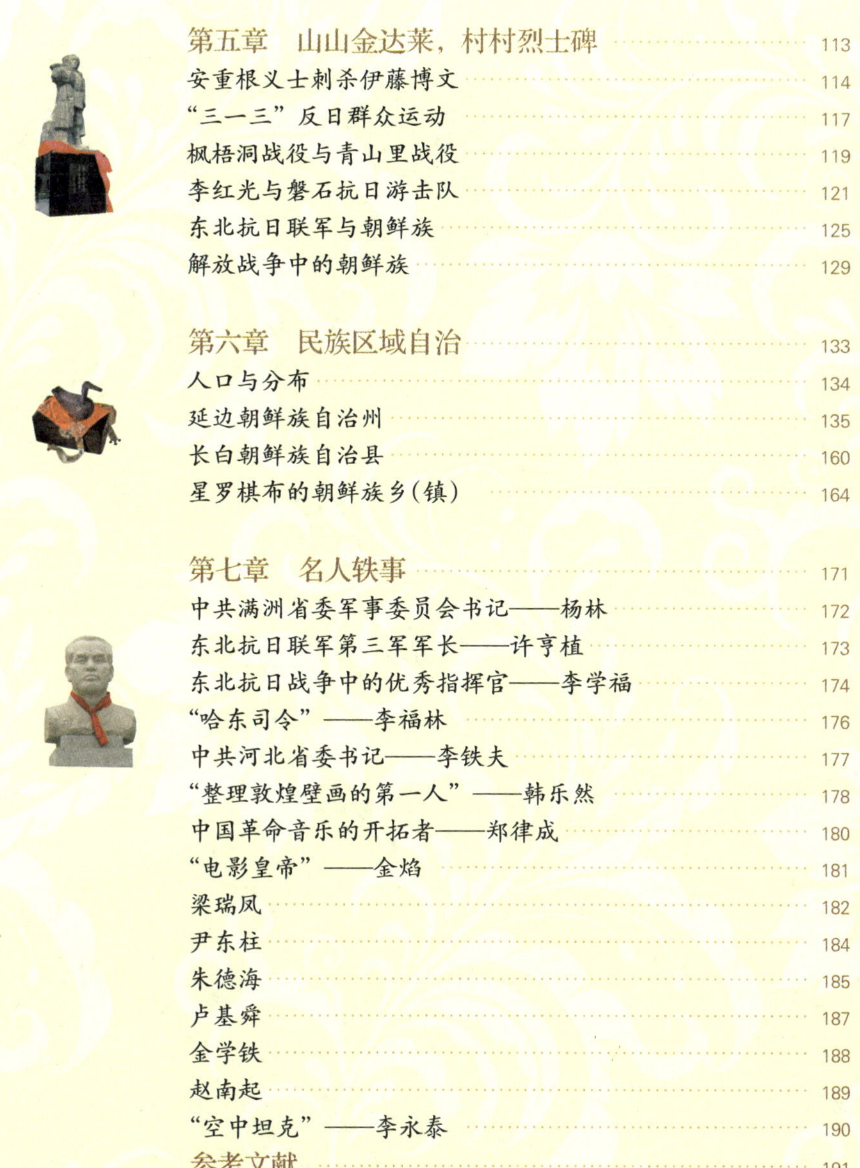

第一章
严寒北国 稻花飘香

作为中华民族大家庭成员之一的朝鲜族来自朝鲜半岛。刚刚迁入中国东北地区的朝鲜族人民处境十分艰难，但在汉、满等兄弟民族的帮助下，他们披荆斩棘，辛勤劳动，垦拓荒地，在开发东北边疆的过程中，逐渐建立起自己的家园，成为我国民族大家庭的一员。

一个跨境而来的民族

朝鲜族由朝鲜半岛到中国的移民史按其移民动机和性质，可划分为四个阶段：（1）17世纪的早期移民；（2）19世纪后半叶的移民；（3）20世纪初的移民；（4）1920—1945年的移民。

就各个阶段的移民性质而言，17世纪的早期移民主要是被后金及清王朝军队掳掠来的战争移民；19世纪后半叶的移民是属于寻找生计的灾民，所以可归类为自由移民；20世纪初的移民主流是反对日本侵略的流亡移民。1920—1945年之间的移民是被日本军国主义殖民政策驱赶的移民。早期战争移民和自由移民的人数不多，相反流亡移民和被驱赶的移民占中国朝鲜族移民的绝大多数。

移民初期
朝鲜族农家

早期移民

朝鲜族第一次大批迁入东北，是在19世纪60—70年代。1860—1870年间，朝鲜北部地区连年发生前所未有的自然灾害，挣扎在死亡线上的大批饥民为了寻找生路，不顾封禁，纷纷迁入图们、鸭绿两江北岸，掀起了第一次移民浪潮。据统计，1870年在鸭绿江北岸一带已有28个朝鲜族聚居乡。1881年（清光绪七年），延边朝鲜族居民已有1万多人。1883年，在怀仁、通化、临

农民备耕

江、新宾等县的朝鲜民族居民已有3.7万多人。同一时期，乌苏里江沿岸一带也移入了为数不少的朝鲜农户。

自由移民

由于1858年的中俄《瑷珲条约》和1860年的中俄《北京条约》，清朝失去了黑龙江以北和乌苏里江以东100多万平方公里的土地。清政府为了防御沙俄的侵略，开始实行移民实边政策。1881年在珲春设立招垦总局，把图们江以北长700里、宽45里的和龙峪地区划为朝鲜移民专垦区，设“越垦局”，管理垦民事务。清政府的这一措施，更便于朝鲜农民大批移入东北地区定居。到1904年，图们江北岸地区的朝鲜人居民增加到5万余人。而1905年居住在鸭绿江北岸的朝鲜族移民达4.5万余人。

流亡移民

1910年8月，日本强迫朝鲜政府签订《韩日合并条约》，朝鲜沦为日本殖民地。不愿当亡国奴的朝鲜人民纷纷起来抗争，但是由于力量差距太悬殊，武装斗争在朝鲜国内被镇压下去。有些义兵部队渡过鸭绿江和图们江，把根据地转移到中国东北地区。还有许多不愿在日本殖民统治下生活的，或由于日本殖民统治当局的迫害而无法留在朝鲜的反日爱国志士及革命家们陆继移居东北各地，掀起了以“反日复国”为目标的政治流亡移民浪潮。这一浪潮在1919年朝鲜三一运动被日本军警野蛮地镇压之后再次达到高峰。

▲

1937—1945年安图县“集团移民”部落

知识链接

《韩日合并条约》 是日本帝国主义1910年采用军事威胁和强制手段一手炮制的非法的欺诈条约。日本自1905年开始就完全掌握了朝鲜的外交权力，李朝政府并不具有单独同他国缔结条约的外交权限，该《条约》也没有履行获得国际条约缔结程序中具有重要意义的国家元首批准这一法律程序。

朝鲜三一运动 1919年3月1日，朝鲜33名爱国志士作为民族代表发表了《独立宣言》，并在全国各地掀起了一股反抗日本帝国主义殖民统治的浪潮，该运动最终因日本军队的残酷镇压而失败。据统计，当年朝鲜共有200万名市民参加了三一独立运动，0.75万多人在这一运动中壮烈牺牲，1.6万多人受伤，4.6万多人被关进了监狱。该运动提高了朝鲜国民近代市民革命的意识以及对建立自主独立的国家和民族统一的强烈愿望。

被驱赶移民

1931年九一八事变后，日本帝国主义只用三个月时间就把中国东北地区沦为其殖民地。为加强对东北地区的统治，把东北建成其物资供应地，日本帝国主义在组织日本农民移至东北地区的同时，还强制朝鲜人移居中国东北。据1940年8月统计，1937—1940年，日本以“集团开拓民”名义强制移民到东北各地的朝鲜农户就达14 725户。

到1945年日本战败前，在中国的朝鲜人数量已达216.5万。1945年8月日本投降以后，不少朝鲜人开始陆续返回朝鲜半岛。经过几年的人口变动，至1949年中华人民共和国建立后趋于稳定。1953年全国第一次人口普查时，朝鲜族人口为111.1万人。

为什么朝鲜族不能叫“鲜族”

近些年来，社会上有些人称呼朝鲜族为“鲜族”，甚至一些报纸杂志、电视等新闻媒体上也出现将朝鲜族称呼为“鲜族”的现象。“鲜族”的称呼是日本军国主义强加给朝鲜族头上的侮辱性称呼。新中国成立后，党和国家三令五申禁止使用对少数民族带有歧视性、侮辱性的称呼，但至今还有人以“鲜族”称呼朝鲜族。这种称呼因为他们不明其真相，日本帝国主义者当年之所以称呼朝鲜族时删掉“朝”字，叫“鲜族”，是因为不愿意在他们认为“劣等”的殖民地民族名称上看到比自己名称上的“日”更美丽，更灿烂的“朝阳”。

▲

朝鲜族妇女

近年来，《中国民族》杂志和东北三省省报等报刊上有人发表文章呼吁不要以“鲜族”称呼朝鲜族。国家民族事务委员会也

知识链接 “朝鲜”一词的含义为“朝阳鲜艳的地方”，“东表日出之地”，“早明朝鲜之谓也”；“朝鲜之称，古人以为地近旸谷故曰朝，出日先明故曰鲜”。

欧美学者一般译“朝鲜”之意为“Morning calm（宁静的早晨）”，“Morning brightness（灿烂的早晨）”；日本学者则译其意为“asano azayaka（清新的早晨）”。

▲

梦幻家园

发文："‘鲜族’一词源于日本殖民朝鲜时期，是日本殖民统治者对朝鲜族的一种侮称"，"尊重各民族的民族称谓，是保障少数民族合法权益的体现，是贯彻落实党的民族政策的体现"。并提出，"朝鲜族的族称应为‘朝鲜族’，如需用简称，可称之为‘朝族’"。

另外，还有不少人对"朝鲜族"和"朝鲜人"分不清楚。早在1928年7月，中国共产党第六次全国代表大会上通过的《关于民族问题的决议案》中，首次把朝鲜族列入"中国国境内少数民族"范畴，并在以后党的重要文件中始终重视和关心朝鲜族问题。但那时党的文件中朝鲜族以"高丽人""朝鲜人""韩国人""韩人"等不同的名称出现。

我国在1950—1954年进行第一次民族识别工作以后，确认了一批民族的族属和民族成分，并规范了各民族的名称，开始在民族名称后加“族”以区别各个不同的民族，如：“汉族”“蒙古族”“朝鲜族”等等。在此之前，一般在民族名称之后加“人”来称呼。如：汉人、蒙古人、朝鲜人等等。所以上引文献中的作为中国少数民族的“高丽人”“朝鲜人”“韩国人”“韩人”等称呼都是指后来的“朝鲜族”。

延吉市民表演扇子舞

规范后的民族名称后缀“族”，已经具有了国家认同和民族认同双重内含。就55个少数民族中的30个跨界民族而言，族称的后缀从“人”到“族”的变化，具有非常重要的意义。拿朝鲜族来说，原来的“朝鲜人”泛指朝鲜民族族群，包括作为中国少数民族的朝鲜民族群体和生活在朝鲜半岛乃至世界各地的朝鲜民族群体。而经过民族识别规范了民族名称之后，作为中国少数民族的朝鲜民族群体被定名为“朝鲜族”，“朝鲜人”一词变成专指生活在朝鲜半岛乃至世界各地的朝鲜民族群体的称呼。

但是，社会上仍然有不少人对这种名称的变化与区别不大清楚，甚至一些学者也以为“朝鲜族”是“朝鲜民族”的简称，把“朝鲜人”和“朝鲜族”混为一谈。“朝鲜族”一词并非“朝鲜民族”的简称，实际上是专指“享有中国国籍的朝鲜民族”。

对“朝鲜族”的另一种误解是：在研究新中国成立前历史文献资料时，见到“朝鲜人”便以现在的概念解释为，那不是朝鲜族，而是外国人。还有一些学者认为，因为“朝鲜族”的民族名称是新中国建立以后才有的，那之前都叫“朝鲜人”，所以朝鲜族成为中国少数民族的历史应从1949年算起。这些说法的错误在于，无视了中国规范民族名称是民族识别工作之后的历史事实。

开发东北边疆的北国稻农

祖国的东北边疆辽阔而富饶。1644年清军入关，东北地区的满民族大部随军入关，致使该地变得荒凉。1677年，清政府以保护其祖先的“发祥地”为名，把长白山和鸭绿江、图们江以北千余里之地划分为封禁地区。于是，鸭绿江右岸和图们江左岸便成了人烟稀少、一片荒凉的地带。

但是，无论清朝统治者把这片地区封禁得如何严紧，还是限制不了有人到此寻求生计。1821—1861年之间，一些苦难的朝鲜农民，越过鸭绿江和图们江来到中国，在两江沿岸一带开垦。其后，进入封禁地区开垦的朝鲜族人民日益增多。他们之中有的在此伐木建屋，逐渐安定下来。但是，在这个时期迁入的朝鲜族农民毕竟人数很少，并且大多数秋去春来，居住情况还不稳定。

用人力代替耕牛开发东北水田的创举(1875年，通化上甸子、下甸子等地)

19世纪后半叶，朝鲜的封建统治阶级对劳动人民实行残酷的压迫和剥削，使广大劳动人民无法生存下去，加以1869年朝鲜北部发生了空前未有的大饥荒，挣扎在死亡线上的大批饥民

▲

水田插秧

为了寻求生路，扶老携幼，不顾禁令森严，纷纷徙入我国东北边疆定居下来。

各族人民相继大批迁入封禁地区后，开垦范围逐渐扩大。清朝统治者对封禁地区这种自发性的开发，一再巡缉无效，不得不采取默许态度。并且为了增加财政收入，就地索取兵饷，用以充实边防，逐步把“封禁”政策改为招民开垦政策。1881年在吉林省设荒务局，宣布废除对图们江左岸的“禁山围场之制”。同年，又在南岗（珲春）、延吉、东沟等地设置了“招垦局”，公开招募移民。为了管辖移民，并在下面设置了17个最初行政区（社）。

这时，沙俄势力正向朝鲜扩张，对朝鲜的通商关系日显活跃，特别是与靠近延边的朝鲜庆源陆路的通商往来更为密切。于是，清政府采取对策，加强对朝鲜的通商，以抵制帝俄势力。1885年，清政府与朝鲜订立了“吉朝通商章程”，在延边地区设置了“和龙峪”“光霁峪”等局卡，办理与朝鲜会宁、钟城等地的陆路通商事宜，并兼管边境开垦事务。清政府为了加强统治，于1894年在延边地区设了镇远堡、宁远堡、安远堡和绥远堡等四大堡，堡下分设39个社，把朝鲜族人民全部编入124个甲，415个牌。这就是延边朝鲜族村落最初的分布情况。

朝鲜族迁入人数越来越多，其开垦与居住的范围已突破和龙峪地区，扩展到海兰江、布尔哈通河、嘎呀河等流域一带，当时延边各地几乎到处都有朝鲜族，他们同当地的汉、满族人民和睦共处。延边地区已成为一个民族杂居地区。

到1918年，居住在东北各地的朝鲜族已达36万余人。

迁入之初，朝鲜族大都是一贫如洗的农民。他们冒着“如有越江处死毋论”的禁令偷越国境，宵行路饮，衣食无着，处境极为困难。他们住的是不蔽风雨的茅屋，吃的是山果野菜，用的是手制木犁，没有牲畜就用人力。犁出来的每一寸土地都浸透着他们艰辛劳动的汗水。初期，清政府对进入“封禁区”垦殖的朝鲜族人民采取毁田平舍的驱逐政策。到1890年，清朝统治者又迫令朝鲜族人民“剃发易服”，并规定只有俯首听命者才能“受田为民”。朝鲜族人民对清政府这种反动的民族同化政策表现了强烈的反抗，不顾强迫和威胁，仍然坚持了开垦劳作。

庄稼收成前，人们载歌载舞，祝福一年的丰收

作为一个农业民族，朝鲜族以在寒冷的北方种植水稻著称，他们在我国农业史上创造性地揭开了崭新的一页。原来图们江、鸭绿江流域多为山区和丘陵，气候寒冷，无霜期最短110天，最长160天，而且都是野草丛生、树根盘绕的荒原和沼泽地带，一

般不宜种植水稻。但朝鲜农民不畏艰辛，刨地拓荒，积极试种水稻，终于使水稻在我国的东北地区成功生长起来。

早在1870年前后，个别朝鲜族农民在通化县大甸子等地试种水稻获得成功，相继在临江、辑安（今吉省集安市）、怀仁（今辽宁桓仁满族自治县）、兴京（今辽宁新宾满族自治县）、柳河、梅龙等地和延边部分地区开始种植水稻。散居在平原地带的铁岭等地和居住在东北北部宁安县新安镇一带的朝鲜族农民也改种了水田。此后，由朝鲜族农民开垦和种植水田的面积逐年有所扩大。

在开垦水田的过程中，朝鲜族人民不仅要和恶劣的自然条件作斗争，而且还要和封建地主阶级的种种阻挠和破坏活动进行斗争。改种水田的初期，地主怕气候不良，种植水田会减产，便强迫农民交纳开水渠所占用了的土地费用（比原有地租高两倍至三倍），企图以此阻挠朝鲜族农民开改水田。而当他们看到水田开成，产量提高时，又增收地租。地方官府也乘机向农民增收高额水税。因而朝鲜农民的生活并没有因为改种水田而有所改善。

水田的开发从通化县大甸子等地扩大到延边地区。1906年，朝鲜族农民在和龙县勇智乡大教洞开掘了长达1308米的渠道，灌溉了33顷稻田，并获得较高产量，从此延边地区的稻田面积逐年增加，成为我国东北地区著名的水稻产区。据统计，至20世纪20

《满洲水田》[（日文版）1921年]

地区别	朝鲜族		汉族		合计	
	户数（户）	水田面积（垧）	户数（户）	水田面积（垧）	户数（户）	水田面积（垧）
安东	508	1 108.14	264	737.05	772	1 845.19
凤凰	87	291.28	198	718.77	285	1 055.05
庄河	—	—	58	136.60	58	136.60
岫岩	—	—	14	62.43	14	62.43
辑安	130	137.46	51	49.50	181	186.96
宽甸	161	157.35	5	4.90	166	162.25
临江	52	30.20	—	—	52	30.20
长白	2	1.00	—	—	2	1.00
合计	930	1 725.43	590	1 749.25	1 530	3 474.68

年代，吉林省延边地区、吉林地区100%的水田，通化地区85%的水田，黑龙江省100%的水田，辽宁省开原地区90%的水田，兴京地区和沈阳地区85%的水田，抚顺地区80%的水田，安东地区70%的水田均是由朝鲜族人民开发耕种的。

▲

瑞甸大野稻谷香

随着水田的开发，原集中分布于鸭绿江、图们江以北地区的朝鲜族，分布地域逐渐向西、向北扩大，并大多分布在易于开发水田的江河流域。到20世纪30年代末，东北地区的松花江、牡丹江、绥芬河、嫩江、乌苏里江以及东、西辽河等流域，都有他们的足迹。

朝鲜族人民除开垦水田外，又和各族人民共同开拓了大量的旱田。到1881年，仅在延边地区先后垦拓的土地面积就达5300多公顷，到了1894年，在朝鲜族专垦区开垦的土地达到12 000多公顷。为了把荒山草野变为良田，他们克服了多少困难，流出了多少血汗！

朝鲜族迁入我国东北的过程，是一个开发我国边疆的生产斗争的过程，又是一个与封建统治阶级和帝国主义进行阶级斗争的过程。

第二章 崇尚教育的民族

朝鲜族整体受教育水平较高，这与朝鲜族重视教育的传统有着密切关系。朝鲜族人民具有“宁肯啃树皮，也要让儿女上学”的好传统。新中国成立后，在党的民族政策指引下，各级政府大力发展民族教育事业，建立了比较适合本民族特点的教育体系。朝鲜族地区的小学、初中、高中的布局以及中等教育、成人教育发展等比较合理，民族语文教材建设和师资培养工作都有了健康合理的发展。

重视教育的传统

19世纪中叶以前，朝鲜族人民“冒禁”潜入，散居于鸭绿江、图们江边的山间僻地，生活困难，办不起学校。随着清政府废除封禁，居住在延边和东边道的朝鲜族人民开始兴办学校。到20世纪初，随着近代文明的传入和文化启蒙运动的影响，朝鲜族的一些有识之士深切地感到只有提高民族文化素质，才能动员人民为民族的独立和解放而奋斗，便开始创办近代新式学校，进行现代科学文化知识的教育。

1906年，在龙井创办的“瑞甸书塾”是朝鲜族人民改革封建教育、创办新教育的第一所新式学校。瑞甸书塾实行包括中小学教育的近代学校教育，反对日本帝国主义的奴化教育，教授新知识，同时用反日思想教育学生。瑞甸书塾创办的第二年被日本间岛派出所取缔，师生们便分头赴各地创办学校。

继瑞甸书塾之后，作为民族启蒙运动重要据点的民族民办学校如同雨后春笋般的出现，“昌东讲习所”“光成讲习所”“明东讲习所”“正东讲习所”等一系列新式学校在延边地区纷纷建立。截至1916年末，延边五县已有各类学校158所，学生3879人。与此同时，辽宁、黑龙江省及通化、吉林等地的朝鲜族也都积极创办起新式学校。1918年，反日团体“新民会”在吉林柳河

瑞甸书塾

县三泽浦创办了新兴武官学校，对学生进行军事训练，培养了不少反日军事人才。

延边移民初期学堂

知识链接 **学徒歌** 东方朝旭啊，照着大地，照着大地。更生呼声啊，震着环宇，震着环宇。再不能睁眼瞎又失聪，再也不能，青年学徒要耳聪目明，耳聪目明。弱肉强食这般世道，知识就是无比力量，积土成山，成泰山，一字两字学起来吧。

另外，在近代教育的影响下，东北的朝鲜族人民也开始提倡男女平等，重视女子教育，兴办女子学校。如和龙县明东女校、延吉县新明女校、韩成女校、尚员女校、局子街吉新女校、和龙县明东中学女学生部等，为女子就学提供了机会。当时女学生占延边学生总数的5%，这些女学生在以后的抗日战争和解放战争以及后方的妇女工作和生产劳动与支援前线中起了很大的作用。

“新学”与“旧学”所不同的是，新学除教授本民族语文之外，还进行现代科学与文化知识的教育，实行军事训练。以新学代替旧学，即以近代文化教育代替封建伦理道德教育，积极为反日民族解放斗争培养能文能武的骨干力量，是这一时期朝鲜族教育的主流。

20世纪20年代以后的朝鲜族教育，不管是什么学校都以反对日本帝国主义作为教育宗旨，通过教学和其他各种活动向学生灌输反日民族主义思想，重视军事教育。为了培养军事骨干，各民办学校设置了军事课目，还选拔优秀青年到关内的保定军官学校、广东讲武学堂、云南讲武学堂、黄埔军官学校等军事学校学习。其中云南讲武学堂是朝鲜族青年学生最多的一所军事学校。

云南讲武学堂

自1922年起，具有共产主义思想的朝鲜族先进分子陆续进入东兴、大成、永新等中学，把这些学校逐渐变成传播马列主义和反日思想、培养革命骨干的中心，造就了一大批在朝鲜族地区宣传马列主义、推动革命运动发展的优秀人才。

龙井市龙井高级中学前身——大成中学

知识链接 **朝鲜族教育的反日特点** 中国共产党满洲省委在分析20世纪20年代东北朝鲜族社会时，曾指出朝鲜族教育的反日特点："自从1910年日本帝国主义并吞韩国以后，无数的爱国志士们，或抱定'罔为臣仆'的主旨，或有抱定阴寿死亡、光复国土的大计，相率而入奉天、吉林省份，招募韩国农民，垦拓荒原，设立学校，择其丁壮，授以军事教育……"

据1928年5月的统计，东北朝鲜族民办学校总共有470所，学生达18 147人，朝鲜族的教育事业有了一定规模的发展。

除了朝鲜族民办学校外，东北军阀政权也在朝鲜族地区创办了许多"官办学校"，传授近现代科技文化知识，不少朝鲜族青少年就读于这些官办学校。有些学生还到吉林、奉天、北京等地的中学和大学去深造。当时在东北朝鲜族居住地区还有日本帝国主义为了奴化朝鲜族人民而设立的"普通学校""辅助学堂"。

知识链接 **日本的奴化教育** “皇民化”：日本帝国主义制定奴化教育体制及编教科书，严密监视教职员工的活动。给学生灌输对日本天皇“忠君爱国”等思想，严防传播反日思想。“日语化”：学生在学校只准使用日语，不准使用本民族语言和文字，妄图达到民族同化的目的。“军事化”：对学生强迫进行军事训练，企图把朝鲜族学生训练成日本帝国主义的战争工具。“创氏改名”：为了强化民族同化，强迫朝鲜族学生“创氏改名”，放弃本民族的姓名，改用日本姓名。

1931年，日本帝国主义强占东北以后，开始实行法西斯奴化教育。日本侵略者在朝鲜族学校强制实行包括所谓的“皇民化”“日语化”“军事化”“创氏改名”等内容的奴化教育。1932年日本政府决定，凡“满洲国”统治地区内的朝鲜族学校，一律由朝鲜总督府管辖，强迫停办有反日倾向的学校。

朝鲜族人民对日本帝国主义的文化摧残和民族同化的奴化教育进行坚决抵制和斗争。许多进步教师在课堂和课余时间讲授本民族语文、历史，启发朝鲜族的民族意识和反日思想。不少朝鲜族学校师生为了反对日本法西斯的奴化教育、民族歧视和暴政，纷纷举行罢课，张贴反日标语。

抗日根据地的朝鲜族人民在中国共产党的领导下，克服种种困难，创办新民主主义教育学校。这些学校根据实际需要自编教材，教学形式和方法灵活、机动，把教学重点放在抗日战争所需要的知识和技能方面。抗日游击根据地的人民政权非常重视社会教育，建立各种形式的识字班、夜校，开展扫盲识字运动，不仅提高了人民群众的阶级觉悟，还学到了文化知识。各抗日游击根据地的朝鲜族人民教育事业，虽然因战争环境艰苦还不够完善，但它却为朝鲜族人民保存和发展本民族语言和文化，为建设新民主主义文化，提供了宝贵的经验。

1945年，抗日战争取得了全面胜利。解放区的朝鲜族人民在中国共产党民族政策的指导下，自筹资金或采取民办公助等多种形式办学。延边地区小学增加到365所，教员增加到2190人，学生发展到98 450余人。中等教育发展更加迅速，1949年3月，东北三省建有70所朝鲜族中学，550名教员，16 700名学生；小学1500所，5500名教员，18万名学生。此外还有4所师范学校，850名学生。

东北军政大学吉林分校自1946年8月创办到1948年10月共办学4期，培养各民族军事、政治干部4800余名。1948年11月根据形势发展，吉林分校奉命改编为东北军政大学第四团，与总校合并。至此，吉林分校圆满地完成了革命赋予的历史任务。东北军政大学吉林分校不仅是一个能学习的集体，更是一个能战斗的集体、能吃苦的集体。吉林分校学员身上所体现出来的学习精神、战斗精神、不怕牺牲精神、艰苦奋斗精神、无私奉献精神，都牢牢印证着那个年代中国各族人民的精神风貌，也是鼓舞和教育后人永不过时的精神食粮。

▲

朝鲜族全国人大代表金竹花老师和学生们

新中国成立后 朝鲜族教育的发展

新中国成立后，朝鲜族人民在党的民族政策指引下，大力发展民族教育事业，积累了宝贵的经验，取得了巨大的成绩。

20世纪50年代，经过改造旧教育，创建新教育的伟大实践，朝鲜族地区的小学、初中、高中的布局以及中等教育结构、成人教育发展等趋于较为合理，民族语文教材建设和师资培养工作都有了健康合理的发展，初步建立了比较适合民族特点的社会主义民族教育体系。在中国56个民族中，朝鲜族率先实现了小学和初中教育的普及和青壮年文盲的扫除。

知识链接 **“五个第一”** 20世纪50年代，朝鲜族教育在全国少数民族教育中实现了“五个第一”：1952年，第一个基本普及了小学教育；1958年，第一个基本普及了初中教育；1958年，第一个基本扫除了青壮年中的文盲；1959年，第一个完成了高校调整，成立了延边大学、延边医学院、延边农学院等3所民族高等学校（1996年3校合并为延边大学）；1958年，第一个建立了农民大学——黎明大学。

20世纪50年代末受“左”倾教育思想的影响，朝鲜族民族教育和全国的教育一样，走上了曲折发展的道路。尤其是“文化大革命”时期，朝鲜族教育遭到了一场洗劫，受到了严重的挫折和破坏，一大批民族教育工作者和教师受到了打击迫害，朝鲜族学校被撤销或拆散，朝鲜语文教学被削弱或取消，对朝鲜族学校的优惠政策全被取消，导致朝鲜族教育质量空前下降。

“文革”结束后，在党的各项民族教育政策照耀下，恢复和健全了民族教育机构，改革学制并制定了朝鲜族学校学生使用本民族文字应试的高考政策。这些举措成为了朝鲜族民族教育按照民族特点顺利发展的坚强后盾，使得朝鲜族教育质量迅速得到恢复和发展。

特别是改革开放以来朝鲜族教育得到了新的发展。随着改革开放的不断深化和扩大，我国的经济快速发展，社会生活也日益信息化、国际化、多元化。改革开放给朝鲜族教育提出了新的挑战。当今社会，不但是一个开放的、竞争的、知识化的社会，而且是一个国际化的社会。要适应这样的社会，不但要掌握本民族语言，还要掌握汉语和英语以及其他外国语。朝鲜族要发展，不但要培养出本民族的高科技人才，而且还要大力培养能够适应市场经济发展的合格劳动力，不断拓宽他们的就业机会。

▲

抚顺经济开发区李石寨朝鲜族小学“三结合”体育文化艺术节

知识链接 **教育存在的问题** 自20世纪80年代以来，朝鲜族人口的自然增长率一直低于全国平均水平，更低于少数民族的平均水平，成为全国各民族中人口增长最缓慢的民族。甚至从1996年开始，朝鲜族人口出现了因出生率不抵死亡率所导致的自然负增长现象。出生率的锐减和人口的外流，使农村地区的中小学学生来源日趋枯竭，以农村为中心的传统的朝鲜族民族教育网点布局日益萎缩。

东北三省散居地区朝鲜族的民族教育网点布局萎缩速度比延边地区更为迅速。据笔者田野调查，1996年东北三省和内蒙古地区共有1200所朝鲜族中小学和各类学校，而到了2009年只剩下345所。

朝鲜族教育的出路在于改革。要改革，首先要更新观念。要使朝鲜族教育改革成为符合新的历史潮流的新型教育，要紧紧抓住“全面推进素质教育，培养出适应21世纪现代化建设需要的社会主义新人”这一中心环节，立足于提高朝鲜族的整体素质，根据朝鲜族教育的实际情况，分清轻重缓急，一步一步地，全面地改革下去。朝鲜族教育的改革不可能单靠少数朝鲜族教育工作者

朝鲜族舞蹈——幸福的阿里郎

图书室里

的努力，而是要在党和政府的领导下，经过全体朝鲜族的共同努力和其他各兄弟民族的理解支持才能够完成。各民族间只有不断交流、共同发展，才是民族文化走向繁荣的必经之路。

朝鲜族普及教育的发展

朝鲜族教育在改革开放以来得到了新的发展。朝鲜族教育已基本形成了从幼儿教育、普通中小学教育、中等职业技术教育、成人教育到高等教育的民族教育体系。

教材建设

为了促进朝鲜族中小学校朝鲜文教材建设，1975年成立了东北三省朝鲜文教材协作小组，1985年成立了全国朝鲜文教材审查委员会，确保了朝鲜文教材的编辑审查工作。1989年把原有的延边朝鲜族教育出版社改称为东北朝鲜民族教育出版社，承担编译、出版、发

小学课本

沈阳市朝鲜族幼儿园毕业典礼

行朝鲜文教材的任务，以满足东北三省和全国其他地区朝鲜族幼儿园、中小学校、师范学校所需教材和其他教学用书。

教师队伍培养

为了促进朝鲜族学校的教师队伍建设，1982年设立了延边第一师范学校，培养朝鲜族小学和幼儿园教师。辽宁省朝鲜族师范学校从1998年开始举办五年制大专，提高了教师的学历水平。为了解决朝鲜族中学教员不足的问题，延边大学在强化本科生师范教育的同时，于1986年增设了师范专科，每年招生200人。1996年，延边大学又设立师范学院，加强了高等师范教育。广大中小学教师通过进修、函授、自学等多种形式和途径，积极开展教师岗位培训和学历教育，使教师水平不断提高。1999年延边朝鲜族自治州学历达标率小学教师为100%，初中教师为95.2%，高中教师为78.74%。

朝鲜族少儿手工作品

教学科研

为了使得朝鲜族教育能够与时俱进，解决新时期朝鲜族教育所面临的一系列理论问题和实践问题，1980年延边朝鲜族自治州成立了全国少数民族自治区第一家民族教育研究所。1948年创刊的《延边教育通讯》几经易名，1985年更名为“中国朝鲜族教育”。这些教育研究机构和教育刊物，在提高朝鲜族民族教育理论水平，进行双语教育改革试验、教育科学普及、提高朝鲜族教育质量等方面，起到了非常重要的作用。

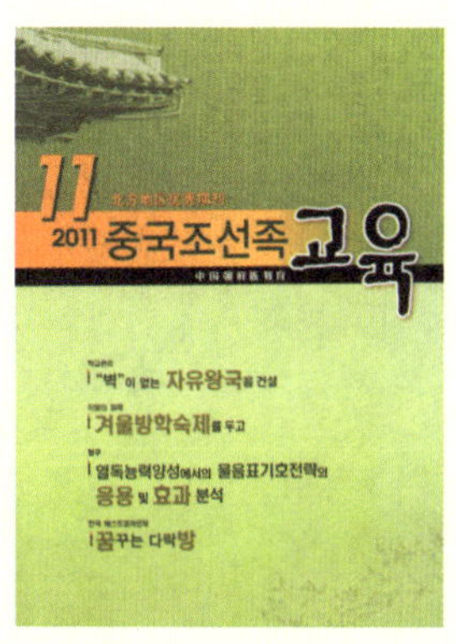

《中国朝鲜族教育》杂志

分布广泛的朝鲜族中小学

吉林省延边第一中学

延边一中，是吉林省延边第一中学的简称，是用自己民族语言文字授课的朝鲜族高级中学，创建于1952年11月16日。建校60多年来，该校在党的民族政策照耀下，在党和政府的亲切关怀和领导下，健康成长，为国家培养了2.5万余名学生。如今已进入了全面改革、大步繁荣昌盛的时期，逐步成为具有自己民族特色的少数民族重点高中。

吉林省延边第一中学

知识链接 延边一中学校沿革

1952年11月16日，建校，校名为延吉高级中学校。

1953年9月，校名改为延边第二高级中学。

1959年5月，成为民族联校，改名为“延边高级中学”，被定为吉林省、延边朝鲜族自治州重点中学。

1960年2月，改名为延边实验学校。

1961年1月，改名为延边实验中学。

1963年8月，恢复为单一民族学校，改名为延边第一中学。

1969年11月，改名为延吉市六中。

1978年2月，恢复原校名延边第一中学。

延边第一中学经过近60年来的办学实践，立足于国家教育方针，着眼于21世纪对人才的需求和民族教育的特点，提出了具有自己特色的“办三校，育三人”的办学目标与培养人才目标，即把延边第一中学办成“造就民族精英的基地学校，全国一流的名牌学校，现代化的示范性学校”，把学生培养成“出众的民族人，优秀的中华人，开放的世界人”。

长期以来延边第一中学根据民族教育的特点，以改革与实验为先导，以三语（汉语、朝鲜语、外语）教学改革为突破口，向综合实验、整体改革发展，摸索出了全面提高学生素质的新路子，该校教育教学质量步步上新台阶。1997年被定为国家级在少数民族学校中推行汉语水平考试试点校，试验结束时合格率达到百分之百，将“双语”“三语”教改实验推向更高层次。

延边第一中学是培养特色人才的基地学校。该校坚持“全面发展打基础，发挥特长育人才”的指导思想，挖掘潜力，发展个性，以数学科为中心，在语文、外语、物理、化学、电子计算机、足球等各学科各个方面大批地培养学业有特长的人才。因成绩卓然，学校被教育部定为“全国体育后备人才培养基地校”。

延边第一中学是窗口学校。在党的民族政策光辉照耀下，已经成为不仅在国内少数民族中，而且在国外有一定知名度的民族窗口校，成为对外宣传我国民族政策、民族教育和普通教育的窗口。

延边第一中学校园是“一年四季绿满园，校园胜过花园美”的园地，为学生学习生活和陶冶情操，创造了良好的环境。

延边第一中学建校近60年来硕果累累，获得了不少荣誉。曾于

吉林省延边第一中学

1960年参加全国文教群英会，被评为全国文教系统先进单位。十一届三中全会以来获得了更多的荣誉：省模范集体、省基层先进党组织、省文明单位、省全面提高学生素质整体改革先进实验校、省文教系统精神文明建设示范校、省教育工会先进职工之家、省优秀团委、全国体育卫生工作先进单位、全国民族中学示范校、北京2008奥林匹克教育示范校、吉林省绿化先进集体、全国教育系统先进集体、延边朝鲜族自治州劳动模范集体等诸多荣誉称号。

延边第一中学已经走过了60多年的光辉历程，正以更加昂扬的精神，以更坚实的步伐，在党的民族政策的阳光雨露滋润下，为实现自己的办学目标和育人目标，奋勇前进。

长春市朝鲜族中学

长春市朝鲜族中学始建于1956年，是吉林省重点中学、对外开放窗口学校。学校设有初中部、高中部、职高部、国际交流部。教师学历达标率100%，其中特级教师1人、吉林省骨干教师、学科带头人、吉林省教育学院兼职教研员、长春市骨干教师、教育科研型名师、长春市十佳教师、教学新秀等优秀教师40余名。

学校树立科学发展观，全面贯彻党的教育方针，形成了以“务实、创新、注重科研”的教育管理特点和“以人为本、和谐发展”，三语兼顾全面发展，传统礼仪育人、科技育人的人才培

长春市朝鲜族中学

养特色；学校坚持了“科研兴校”方针，构筑并初步完善了全面育人的六大板块。深入探讨以“自主学习”为灵魂，以“先学后教、当堂训练”、分层教学为特征的成才教育课堂教学实践，有计划地积极组织开展了形式灵活多样的“兵教兵”合作学习活动，激发了学生学习的主动性和积极性，帮助学生培养了自觉成才意识和自能成才的能力。

学校始终把教师队伍建设作为学校发展的根本大计来抓，常抓不懈，全校已形成风正、气顺、劲足的大好局面，逐步树立起“团结、进取、严谨、务实”的教师群体形象。

近十年来，学校的各项工作取得了优异成绩，学校多年被评为市“一类学校”“高中教学管理先进校”“素质教育基地校”“继续教育窗口校”“花园式学校”“德育工作先进校”“体卫艺工作标兵校”“国际交流示范学校”“先进基层党组织”“长春市精神文明建设先进单位”“长春市综合治理标兵单位”“省双语教学先进学校”，年年获长春市高考质量一等奖、“省民族团结进步先进集体”“吉林省教育系统先进集体”等。

沈阳市朝鲜族第一中学

沈阳市朝鲜族第一中学成立于1948年，1950年成为完全中学；1954年，被命名为辽宁省级重点高中；2003年被评为辽宁省

沈阳市朝鲜族第一中学

示范性普通高中和沈阳市对外开放窗口学校；2004年被指定为中国教育学会沈阳朝一中学外国语实验学校，同年加入北京航空航天大学和北京中关村人才培养联盟，成为北京航空航天大学与中关村国际软件人才培养基地。

学校坚持“一切以学生生动、活泼、主动发展和终身发展为本”的教育思想；确立了“好中差一起抓，课内课外一起抓，使每个学生都能成才”的多规格、多层次的人才观；“重在基础，开发智力，培养能力发展特长”的教育观；“分类推进，追踪负责，大面积丰收”的质量关。在这一系列教育思想的指导下，沈阳市朝鲜族第一中学提出了把学校办成现代化、信息化、优质化、国际化的具有鲜明民族特色的示范性普通高中及对外开放窗口校的办学目标，形成了用民族语言和汉语（双语）进行教育教学的富有民族特色的教育教

沈阳市朝鲜族第一中学建校60周年庆祝大会

学方式和“促好、推中、帮差”，“尊重个性，承认差异，因材施教，因人施教”，“低分进高分出”的鲜明办学特色，使具有民族特色的素质教育成为了现实。

哈尔滨市朝鲜族第一中学

哈尔滨市朝鲜族第一中学始建于1947年，是哈尔滨市属重点中学、黑龙江省级示范性普通高中。校园面积25 491平方米，建筑面积15 860平方米。学校有学生1100余名，教职员工123名。其中有特级教师1名，高级教师32名，省、市级骨干教师22名，省级教学能手6名，省、市级教学研究理事会理事10余名，市级学科带头人2名，硕士学位学历教师和修完学士学位课程的教师12名。学校办学条件优良，设施完善，为学生提供了良好的学习和成长环境。

学校坚持把德育教育工作放在首位，把教学工作作为学校的

哈尔滨市朝鲜族第一中学

中心工作。注重校风、教风、学风建设，与时俱进、不断适应实施素质教育和新课程改革的需要。学校的校风为：严谨、活泼、勤奋、进取；教风为：为人师表、热爱学生、治学严谨、博采众长；学风为：尊师自强、勤奋多思、全面发展、学有专长。哈尔滨市朝鲜族第一中学凭借一流的教师队伍、一流的办学条件、一流的管理水平、一流的教学质量，已成为全省民族中学中对外交流的窗口学校和品牌学校。

知识链接 **哈尔滨市朝鲜族第一中学沿革** 1947年9月15日，学校创立纪念日，称为哈尔滨市朝鲜人民小学中学部。1950年11月，松江省命名该校中学部为松江省哈尔滨市朝鲜族初级中学校。1952年4月，在市学工会教育工会领导下，学校成立了工会组织。1956年，学校成为完全中学校，称为哈尔滨市立学校，在现址上建成2000平方米的教学楼。1962年9月，学校被命名为“哈尔滨市朝鲜族第一中学”。1963年9月，成为黑龙江省民族中学重点中学校。1978年3月，哈市教育局再次确认该校为哈市重点中学校。

沈阳市和平区西塔朝鲜族小学

沈阳市和平区西塔朝鲜族小学创办于1920年，是一所全日制示范学校。现有900多名学生，70余名教师。学校设有微机室、电教室、语言室、实验室、舞蹈室、器乐室等多功能教室以及学校礼堂。

西塔朝鲜族小学作为省级重点小学在改革创新的路上展现着日新月异的新形象。在全校师生的共同努力下，学校多次获国家、省、市、区“朝鲜族创新教育实验学校”“朝鲜语工作先进集体”、绿化单位、民族教育先进集体、继续教育先进单位、文明单位等荣誉称号。

在“为学生发展而奠基，为教师发展而铺路，为学校发展而改革，为教育发展而创新”，这一办学理念引导下，学校以科研为先导，先后申请国家、省、市、区等各级教研课题近20项，走科研兴校之路。学校倡导自信、自爱、自强“三自”创新人格培养模式，使学校的教育教学迈进了先进行列。

育“合格+特长”人才，建“敬业+专业”师资，创“和谐+特色”学校，办成具有独特办学特点的民族学校和开放型的国际化学校是该校的办学宗旨。

近年来，学校先后与国外10所学校结成姐妹学校，不断与国际接轨，让一所古老的学校焕发出青春的朝气。

沈阳市和平区西塔朝鲜族小学

朝鲜族高等院校

延边大学

1949年3月20日，党和东北地区人民政府为了发展朝鲜族教育事业，培养朝鲜族高级知识分子和干部，在延吉市创办了中国第一所具有鲜明民族特色的综合大学——延边大学。

1957年9月以前延边大学曾隶属于国务院高教部，之后划归吉林省所属。建校初期，学校设有文学部、医学部和农业专科，后来经过院系调整，将原有的学部和农业专科发展成为师范学院、医学院和农学院。1958年8月，医学院、农学院、工学院从延边大学中分离出来，成为各自独立的延边大学、延边医学院、延边农学院、延边工学院。1959年3月，延边工学院又并入延边大学。1983年1月成立延边师范高等专科学校，1988年6月成立吉林艺术学院延边分院。1995年延边大学被列为吉林省重点综合性大学。

1996年经国家教委批准，延边大学、延边医学院、延边农学院、延边师范高等专科学校、吉林艺术学院延边分院等5所高等院校正式合并为新的延边大学。同年10月，我国改革开放以来建立的第一个中外合作办学机构——延边科技大学（筹）并入延边

延边大学校门

延边大学主楼

大学。合并6所高等院校的延边大学，被确定为国家“211工程”重点建设大学。2001年，延边大学被教育部确定为西部开发重点建设院校，2005年被确定为吉林省人民政府和教育部共同重点支持大学。

合校后的延边大学师范学院教学楼

延边大学现设有朝鲜—韩国学学院、经济管理学院、法学院、师范学院、体育学院、人文社会科学学院、汉语言文化学院、外国语学院、美术学院、艺术学院、理学院、工学院、农学院、基础医学院、临床医学院、药学院、中医学院、护理学院、科学技术学院、成人教育学院等20个学院，所设的学科专业涵盖哲学、经济学、法学、教育学、文学、历史学、理学、工学、农学、医学、管理学等11大学科门类。有70个本科专业，7个国家特色专业，3个省特色专业，2个博士后科研流动站，3个博士学位授权点一级学科，3个博士学位授权一级加强建设学科，22个博士学位授权点，24个硕士学位授权一级学科，149个硕士学位授权点，11个专业硕士点；拥有1个国家级重点学科，8个省级重点学科，2个省级重点建设学科，2个省级重点资助建设学科，1所孔子学院，1个教育部省属普通高校人文社会科学重点研究基地，1个吉林省哲学社会科学东北亚研究基地。设有东北亚研究院、东方文化研究院、长白山天然资源保护与开发研究院、民族研究院等8个校直属研究机构，图们江开发研究所，中、朝、韩、日关系史研究所等41个院属科研机构，国家教育部中、朝、韩、日比较文化研究中心，延边精细化工中试基地等5个科研基地。中华日本哲学研究会、中国朝鲜历史研究会等4个全国性学术团体会址设在该校。

延边大学先后建立了教育部省属高校人文社会科学研究基地——中朝韩日文化比较研究基地、国务院侨办华文教育基地、国家汉办对外汉语重点学校、吉林省哲学社会科学东北亚研究基地、省部共建教育部“长白山天然资源与功能分子实验室”等教学、科研基地。学校先后开展科研课题1601项，获得省部级以上科技成果150多项。获得国家优秀教学成果奖2项、省优秀教学成果奖15项。被国家教委授予“普通高等院校课余训练试点先进学校”和“贯彻‘学校体育工作条例’优秀高等学校”等称号。

延边大学拥有全日制在校学生20 960人，其中博士生110人、硕士生2 491人、本科生16 914人、专科生470人、留学生474人、预科生198人。学校师资力量较为雄厚，现有教职员工2 800多人，其中专任教师1 300余人，教授及副教授750余人，硕士生导师370余人、博士生导师50余人。享受国务院政府特贴人员36人，“长江学者”讲座教授2人，全国教学名师1人、教育部新世纪优秀人才3人；吉林省特聘教授1人、首席教授1人、主讲教授2人，吉林省有突出贡献的中青年专业技术人才7人，吉林省拔尖创新人才20人。该校还聘请了包括世界著名物理学家、诺贝尔奖获得者杨振宁博士在内的300多名国内外著名专家学者

延边大学艺术学院音乐教学楼

担任该校的名誉教授、兼职教授和客座教授。建校60多年来，共为国家培养75 000多名各级各类专门人才，他们分布在全国28个省（市）、自治区，成为各行各业的骨干力量。经过50多年的建设，学校已经发展成为专业结构日趋合理，办学层次齐全，教师队伍结构比较合理，设备、设施条件粗具规模，国际教育和学术交流活跃，在国内外有一定影响的具有鲜明特色的综合性大学。

辽宁省朝鲜族师范学校

辽宁省朝鲜族师范学校是辽宁省唯一的省属朝鲜族大专院校，1998年开始举办五年制大专。该校面向全省朝鲜族基础教育培养、培训师资，为辽宁省经济、文化发展输送朝、汉、外语兼通的专门人才。多年来，学校立足为朝鲜族基础教育服务，以师为本，突出民族特点，坚持“三语”教学；实施以质量求生存，以特色求发展的战略，形成了师范教育与非师范教育相结合、教师职前教育与职后培训相衔接的多层次、多形式、多功能的教育体系。

辽宁省朝鲜族师范学校建校50多年来，为国家培养各级各类毕业生6000余人，活跃在社会各界。全省各朝鲜族小学教师中90%以上是该校毕业生，涌现出一大批如金竹花（中共第十二、

辽宁省朝鲜族师范学校

辽宁省朝鲜族师范学校的学生们表演长鼓舞

十三、十四届代表大会代表，第九、十届全国人大代表，全国十佳青年教师、省特级教师）等优秀毕业生，为辽宁省朝鲜族教育的发展做出了突出的贡献。近几年就业于涉外企事业的毕业生受到了广泛的好评。

近年来，学校办学实力不断增强，办学质量不断提高，专业设置不断完善，现有大专小学教育、英语教育、美术教育、音乐教育和非师范大专文秘、朝鲜语等6个专业，中专汉语文（韩国留学生）专业。学校拥有设备先进、现代化的多媒体网络教室、多媒体音乐教室、语音室，还有设施完备的理科实验室、计算机教室、舞蹈室、钢琴室、图书馆、阅览室。

学校拥有一支基础扎实，业务水平高，结构合理的教职工队伍。学校广泛开展国际交流，先后与韩国、日本等国家的多所学校签订了交流及合作协议，并互派师生进修，进行教育合作。

由辽宁民族出版社出版的《沈阳市民族教育百年史》书影

第三章
朝鲜族风俗

在漫长的历史发展过程中，朝鲜族逐渐形成了符合生存条件和充满智慧的诸多生活风俗文化。虽然随着时代的变迁有所变化，然其宗旨和基本形式依然如故，一些美风良俗至今为人们所厚爱和传承。

特色饮食

▲ 拌饭

朝鲜族饮食文化与其从事水稻生产有着直接的关系。在朝鲜族传统饮食中，稻谷类和蔬菜为主，菜肴通常以辣为特征。在日常饮食中，一般以米饭为主食，以菜汤为副食，兼备各种风味小菜。朝鲜族历来以素食为主，不喜欢吃油腻的食物，其饮食特点可以概括为辛辣、爽凉、清淡。

米饭和酱汤

朝鲜族饮食中最基本的是米饭和酱汤。米饭有大米饭、大麦饭、五谷饭等。大麦饭是大麦米和大米相配而做的饭，五谷饭则是将糯米、小米、高粱米、黄米、豆类混在一起焖成的饭，古时就有正月十五“作五谷杂饭食之”的习俗。汤是朝鲜族家庭日常饮食中必备的，最常见的是大酱汤。大酱汤的基本配料是黄豆酱、白菜叶、土豆、豆腐等。

大酱汤 ▶

大酱缸 ▼

酱

酱是朝鲜族饮食生活中一年四季常用的副食品，又是做菜汤的基本调料。酱是用煮熟的大豆发酵而成，其营养丰富。在农村，一年做一次大酱，一般在每年农历十一月或正月、二月。先将大豆煮熟，然后捣碎做成大酱饼块，挂在墙上，使其自然发酵，到四五月份泡酱。过去，做大酱还有选吉日的习俗，比如腊月不做酱块，有“腊月做酱块不

▲

挂豆酱块

爱发酵”之说。除此之外，有病的妇女不让参与做大酱活儿，说有病的妇女做酱不好吃。朝鲜族酱类品种很多，例如青酱(酱油)、大酱、辣椒酱、小豆酱、芝麻酱、汁酱、清曲酱等。

除大酱之外，辣椒酱也是朝鲜族男女老少皆喜欢吃的传统饮食。辣椒酱用糯米糕加上辣椒面、豆酱饼(或大酱)、蜂蜜或糖稀、芝麻、香油等各种调料精心制作，色泽红润鲜艳，分为米糕辣椒酱、芝麻辣椒酱、糯米辣椒酱等多种，吃起来味道辛辣，香甜可口，能够增进食欲。特别是感冒无食欲时，用辣椒酱拌饭吃，不仅能吃得下饭，还使你振作精神。

酱类中，还有青酱、汁酱、淡水酱等亦很受欢迎。夏秋时节，当青辣椒下来时，不少人喜欢直接用青辣椒(越辣越好)蘸酱吃，以此刺激食欲，吃辣过瘾。

做大酱是朝鲜族妇女在一年中的一件重要的家务事。相传，只有技术高、心地善良的妇女做出来的大酱才美味可口，受到全村人的赞扬。

▲

制作辣白菜

泡菜

泡菜是朝鲜族家庭饭桌上不可或缺的传统副食品。在丰盛的餐桌上如没有泡菜，就像熬好的肉汤里没放作料一样，美中不足。对于朝鲜族来说泡菜是最熟悉、最普遍的食品，但是在制作过程中选材、用盐腌渍时间、抹料、发酵环节的不同，其味道也各不相同。泡菜是以白菜、萝卜为主要原料，配以辣椒面、大蒜、生姜等。朝鲜族泡菜，酸辣适中，清爽可口，在东北、华北一带享有盛誉，备受欢迎。由于朝鲜族泡菜含有丰富的维生素和

知识链接 **辣白菜制作方法** 朝鲜族很讲究腌渍，各家为腌渍泡菜备有大小不一的许多坛缸。腌渍辣白菜根据地区而有所不同。一般在每年的立冬前后，首先选出包心好的上等白菜去掉菜帮洗净后，叠放在淡盐水里浸泡两三天，与此同时准备好调料。之后，捞出来用清水洗净，再把白菜瓣一片一片地掰开，均匀地抹调料后叠放在大缸里，封口后储藏于菜窖中。泡菜调料由辣椒面、食盐、蒜泥、生姜、花椒粉、萝卜丝、梨、苹果等料制成，有的还放入虾酱、干贝、牡蛎、明太鱼等新鲜海味。约过半个月，白菜在缸中逐渐地发酵，产生出许多乳酸菌等有机酸，含有丰富的维生素B、C等，变得酸辣、香甜，吃起来爽口开胃，是冬季必备的副食品。辣白菜还是冬存蔬菜的好方法。

乳酸菌，具有抗肿瘤、预防病毒的作用，2006年被美国《健康》杂志选为世界五大健康食品之一。

除了泡菜，拌菜也是朝鲜族喜欢的风味小菜。朝鲜族善于用各种山菜、海产品，诸如桔梗、羊乳、蕨菜、野芹菜、海白菜、海菠菜和小鱼、蛎贝类等做各种味道鲜美的拌菜。

辣白菜

烤肉

烤肉是朝鲜族喜爱的佳肴。朝鲜族烤肉一般使用牛肉、猪肉等，尤其喜欢烤牛肉。烤好的牛肉蘸作料或用生菜包着吃，所以生菜、蒜片、青辣椒片和黄酱等都作为烤牛肉的配套一起上桌。

烤牛肉

狗肉

朝鲜族喜欢吃狗肉。其中，狗肉汤就很有特色。做汤时狗肉必须煮烂，还加上专门配制的酱料。朝鲜族习惯在三伏天吃狗肉汤，狗肉汤滋补身体，因而称之为“补身汤”。但吃狗肉有禁忌，即逢年过节、操办黑白喜事或祭祀祖先时禁止吃狗肉。

狗肉

冷面

冷食类主食中，最受朝鲜族欢迎的食品当属冷面。冷面是用荞麦面配以面粉、淀粉搅拌、压制而成。冷面非常讲究汤的味道，一般用牛肉熬的汤。冷面具有甜中带酸、香里透辣、凉爽开胃的特点，因此不分春夏秋冬，朝鲜族男女老少都爱吃。

冷面

打打糕

松饼

打糕

糕饼

在朝鲜族饮食中还有许多特别食品，其中最具特色的是用米面做的各种糕类，其种类达50多种。打糕是朝鲜族最富民族特色的糕类食品，主要在逢年过节或举行各种仪式时制作。做法是先用洗净泡好的糯米蒸成饭，然后放在木槽或木臼里用木槌捶打成年糕。吃时，撒上豆面，也可蘸蜂蜜或白糖吃。用米面做的有松饼、蒸糕等。松饼的做法是把和好的米面擀出松饼皮，用小红豆泥做馅，包成月牙状，然后放在覆层松针的蒸笼里蒸熟。

酒

米酒

朝鲜族男性多数喜饮酒。红白喜事，逢年过节，亲朋好友聚会都离不开酒。朝鲜族的传统酒有米酒、清酒、“马格力”。最具特色的朝鲜族农家酒是民间自酿的“马格力”酒，亦称“浊酒”。它比汉族的黄酒浑浊、稍甜，是乡间最为流行的一种酒。过去朝鲜族农村，逢年过节几乎每家都酿一缸“马格力”招待亲朋好友。

传统服饰

朝鲜族喜欢穿白衣素服，显示出喜爱清净朴素的特性，故有“白衣民族”之称。朝鲜族不分男女老少都喜欢素白服装，从上衣下裳到鞋袜都是素白的。朝鲜族为什么喜爱白衣？有关这个问题的传说多种多样，但最好的解释只有一个：就像用“雪白”二字来形容洁净一样，喜爱白衣反映了朝鲜族人民洁净、朴素的特性。随着生活水平的不断提高，朝鲜族服饰的花色也日益多样化。老年人除了喜欢穿白色衣服外，还喜欢浅灰、淡茶、水色、黑色等素料衣服；妇女平时穿白色上衣、黑色裙子，节日喜欢穿粉红、米

青年男女服饰

黄、淡蓝、淡紫等颜色服装。童装的花色则更鲜艳些。朝鲜族服装的花纹特点是淡雅的暗花，不管黑、白色或各种单色衣料都喜欢织上朴素、雅致的暗花。

朝鲜族的传统服装与其生活方式相吻合。朝鲜族传统居住以火炕为中心，平时男人在炕上盘腿而坐，而妇女坐相一般是双膝着地的跪式，所以衣着多是宽松式。

▲

女童服饰

▲

男童服饰

男装

朝鲜族男子的传统日常服为“则羔里（上衣）”“巴儿（长裤）”。“则羔里”是斜襟、用布带子打结代替纽扣的短上衣，男子的“则羔里”较女子的长些，袖口也宽些。“巴儿”的特点是裤裆肥大，裤腿宽，便于在炕上盘腿而坐，一般在裤腿下端用布带系结，以示端庄。传统男装还有坎肩、长袍、鞋帽等。坎肩和长袍外出时穿用，长袍有单、夹、棉之分。朝鲜族传统男装如今已不多见，只能在节日庆典或舞台上看到，偶尔在农村老年人中也有穿用。

▲

男装

女装

朝鲜族女子的传统日常服为短衣长裙。在服饰中最具特色并至今仍为人们所喜欢穿的要数女装。朝鲜族女装分上、下装，上装“则羔里”（短衣）多用色彩明快、花纹漂亮的绸缎或纱类缝制，衣襟很短，只及胸部，袖口略瘦，斜襟，以长布带在右肩下方打蝴蝶结。下装为“契玛”（裙子），有长裙、短裙之分，长裙至脚面，短裙仅齐膝下。长裙又分为筒裙和缠裙两种。缠裙带宽腰带，有许多细褶，长及脚跟，是分衩裙子。穿时把裙子裹一遍后，将其下摆的一端提上来掖在腰带里即成。筒裙是缝合的筒式裙子，上端按腰身打有细褶，并连着一个白布小背心，前胸开口系纽扣。穿衣时，首先穿衬裙（多为白色）、裙子，然后穿短衣。与这种服饰相协调，习惯上多穿白色或天蓝色的船形钩鼻胶鞋，这与服饰形成一体，显示出曲线美。在农村，年轻姑娘和媳妇多穿筒裙，裙腰有许多细褶，并连着一个小背心，前胸开口，有纽扣，裙长则过膝，穿时从头部往下套。筒裙利索简便，便于活动，所以劳动时穿的较多。少女的短衣裙形状基本如上，而面料多用鲜艳夺目的五彩缎和纱类，裙摆到膝，穿起来活泼可爱。

▲ 女装

◀ 少女服饰

儿童服饰

童装

朝鲜族儿童服装也富有民族特色，其中用七色缎（七种颜色相配的绸缎）衣料做的上衣袖子最为显明。朝鲜族历来认为彩虹是光明和美丽的象征。每逢喜庆日子，给孩子穿七色缎袖子上衣，它好像彩虹缠身，意在孩子们更加美丽和幸福。这种用七色缎做袖筒的衣服叫“色筒则羔里”，意即彩袖袄。朝鲜族给婴儿过周岁时，不管是男孩儿还是女孩儿，一定要给孩子穿上彩袖袄，祝贺孩子周岁。今天，人们非常喜欢给孩子们穿上大红裙子和彩袖袄，过去在没有七彩缎时，这种彩袖袄是用红、蓝、绿等布条像彩虹一样拼起来缝制的。

“波沈”“高木欣”

“波沈”，是朝鲜族使用的传统袜子。用棉布缝成，多为白色，既舒适，又保暖。

波沈

“高木欣”，是朝鲜族妇女常穿的传统胶鞋。古时多用木做底，布做帮，形如船，前端回勾跷起，很像一只小舟。

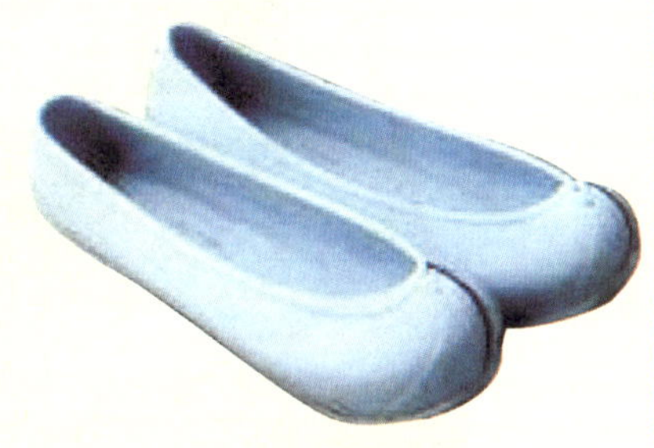

高木欣

发饰

朝鲜族妇女传统的发饰有两种，即已婚女之髻式和未婚女之辫发式。男性头部饰戴的传统冠帽，种类繁多。笠帽类有平凉子、草笠和黑笠；防寒帽有挥顶、风遮；冠巾类有幅巾、方冠等。

纱帽冠带

头饰

结婚礼服

佩饰

婚礼服饰

朝鲜族传统的婚礼服，男戴纱帽冠带，女穿圆衫“簇头里”。簇头里，指新娘披的婚纱；圆衫，指新娘穿的上衣下裳，均为红色。上衣还缀织有金圆形五爪龙补，其他纹饰则以云纹、凤纹为主。腰系织金红色腰带。红色的底配以金色纹饰，雍容华贵，极为富丽。朝鲜族服饰（民俗）已列入国家级非物质文化遗产名录。

绣花荷包

绣花荷包

佩在腰间的荷包原来是男人装烟或诗稿用的，后来女人也开始佩带荷包，放置针线或香粉或小件珍品。荷包一般用红、绿、白玉色等多种颜色绸布缝制，上边平面呈方形，下边呈五角形，绣有菊花、牡丹等花，包口系彩色丝绳用于扎束，绳带末端坠有彩穗儿。

传统民居

由于过去朝鲜族大多数从事水稻种植，因而喜欢居住在水源充足的河畔平地。以稻作为主的经济生活给朝鲜族文化的各个方面留下了广泛而深远的影响，房屋建筑也不例外。

朝鲜族的传统房屋一般建筑在高一尺左右的台基上，台基的面积正好与屋檐的垂直投影相一致，形成围绕房屋的廊子。房屋结构用木料搭架，泥土筑墙，屋内外四壁用白灰粉刷一新，显得格外整洁、朴实。屋顶由四个斜面构成，全部用稻草覆盖。为防止被风刮走，用稻草绳网成许多菱形网目。由于稻草质地松软，屋顶呈现缓慢的弧线形线条，这是朝鲜族房屋建筑美的最重要特征。与周围其他民族房屋的人字形两个斜面屋顶的直线线条形成鲜明的对照。有人甚至用这种屋顶的弧线形线条来比喻朝鲜族文学艺术的美学特点。随着朝鲜族人民生活水平的提高，砖瓦结构的住宅逐渐代替土木结构的传统住房。但朝鲜族的砖瓦房屋顶仍保留四个斜面，大体上保持了传统的稻草屋顶的线条美。

▲ 稻草房

三合镇百年传统八间瓦房 ▼

▲

朝鲜族民居

传统建筑的房屋正面开一扇或四扇门。不论是门还是窗户，上下都是纵横交错的细木窗格子，上面糊窗纸或安玻璃。对窗格子的形状十分讲究，格子花样繁多，长短结合，疏密相间，力求大方、整齐。房间与房间之间都以“米达吉”（推拉门）隔开，拉开即是通行的门，关则是窗或间隔，所以屋内敞亮，通风良好，出入方便。室内用砖或薄石板铺成平面火炕。表面还要铺一层刷上黄亮油的木纤维板或黄棕色厚油纸。保养得好的炕面有如磨亮了的硬木板，平滑光亮。火炕同时具有取暖及床、凳、地板等多种功能，供家人坐卧起居之用。在厨房锅灶烧火，其热气和浓烟通过炕下通道冒出至户外，使整个炕面温热。火炕非常适合东北冬冷夏热的气候，也适合朝鲜族的传统生活方式。进屋须先脱鞋，室外的廊子是放置鞋的场所。室内分卧室、客房、厨房、仓库等。正中的大间一分为二，三分之二用做大卧室，没铺火炕的其余三分之一用作厨房。厨房的隔壁为仓库，大卧室的隔壁大间隔成两间，朝南的一间做客室，朝北的一间为闺房。到朝鲜族家做客，男客须进客室，女客则要进卧室。

人生礼仪

朝鲜族非常重视家庭中每个成员的人生礼仪。一个人自出生到死亡，一生中有许多礼仪相伴。在朝鲜族的人生周期里，最为引人注目的庆典有周岁生日、结婚典礼及60周岁花甲等。

周岁生日

朝鲜族家庭非常重视和认真操办小孩周岁生日。当天小孩穿着漂亮的生日服装，男孩一般上着“则羔里”（上衣），外加小坎肩，下穿蓝色裤子，头戴幅巾。而女孩上穿彩绸“则羔里”，下着红绸罗裙。生日当天，最引人注目的活动是象征预言“命运”的“抓周”。早晨，家人为孩子摆设“晬（zuì）盘”（生日桌席），上置一些米、红小豆、打糕、线团、书、笔、钱币、玩具刀枪（女孩儿则以剪刀、尺子代之）等带有象征意义的东西。在父母的扶

周岁生日

持下，让孩子随意抓取，俗信孩子最先所抓之物，则代表其未来前程。如抓钱币代表其未来经商，抓刀枪代表其未来当军人，抓笔墨代表其未来做学者，抓线团则说他会健康长寿等等。仪式完毕，孩子父母盛情款待宾客，同时给邻居送生日打糕，邻居则送食品、玩具、衣服、钱、线团等礼品祝贺孩子周岁生日。

结婚仪式

结婚仪式

朝鲜族的婚姻制度为一夫一妻制，近亲（包括表亲）、同宗、同姓绝不能通婚。婚姻是人生大事，作为缔结良缘的婚礼受人重视是必然之事。传统朝鲜族婚礼按“议婚”“纳彩”“纳币”和“迎亲”等程序进行。议婚也就是相亲，是双方父母通过媒人商议好子女婚事。纳彩为订婚仪式，男方父母给女方父母送去准新郎的“四柱单子”，以示正式求婚，女方家依据准新娘的“生辰八字”择吉日定婚期，并通报男方家。纳币是准新郎家送彩礼，有红、绿绸缎衣料，用两根线缠好，连同“札状”（结婚证书之类）一并送到女方家，以示对女方家许婚的谢意。迎

亲则为结婚典礼，这是整个婚礼中最为重要且最隆重的仪式。仪式分“去丈家（岳父家）”和“去媤家（婆家）”。“去丈家”礼在新娘家举行，而“去媤家”礼则在新郎家举行。“去丈家”仪礼按“奠雁礼”“交拜礼”“合卺礼”“席宴礼”顺序进行。其中奠雁礼就是新郎把带来的一对木雁交给岳母，象征像雁子一样夫妻永不分离。婚礼结束后，新婚夫妻当天赶到新郎家举行“去媤家”礼，典礼比娘家举行的更隆重。朝鲜族传统婚礼（民俗）已列入国家级非物质文化遗产名录。

▲

朝鲜族传统婚礼

▲

新娘

花甲

尊老，是朝鲜族最富民族特色的礼仪习俗。

在朝鲜族生命周期的“人生礼仪”中，有一个重要庆典是六十寿辰，称为“花甲”“换甲”。朝鲜族从来都把尊重老人看作是家庭乃至整个社会活动中极为重要的礼节，除了有专门的老人节，还有庆贺老人花甲和结婚60周年纪念日的习俗，为老人过花甲既隆重又至诚。一到花甲之日，子女们为

▲

花甲宴

老人摆寿席，设酒宴，广邀亲朋好友和邻居欢聚一堂，感谢父母养育之恩，祝愿老人健康长寿。在花甲仪式中，“献寿”为主要内容，即晚辈们依次向花甲老人敬酒跪拜的祝寿之礼。献寿礼按子女长幼之序、亲戚远近之别，及至宾客，依次敬酒献寿。献寿礼又是别具风格的庆典活动，人们或者献花敬酒，或者赋诗祝寿。特别是孙子孙女们唱着“祝爷爷（奶奶）长寿”的献寿歌翩翩起舞，将花甲宴引入高潮，人们纷纷上场载歌载舞予以庆贺。献礼后，老人和妇女们把寿席上的饮食分给在场的年轻人和小孩，人们相信吃寿席上的东

知识链接 **花甲的由来** 关于花甲，朝鲜族民间广泛流传一个故事。很早以前，朝鲜有个国王颁布了一条法律，规定人过60岁，不死也在墓室中待到死为止，再葬，俗称“高龄葬”。有一个姓金的年轻农夫非常孝敬父母，他实在不忍心把60岁的父亲活活弃在荒山旷野之中，于是悄悄地把父亲藏到后山石洞里，每天送饭维持其寿命。后来，中国皇帝觉得“高龄葬”法规不合人道，便给朝鲜国王送去了三道难题，这使国王连日为难。山洞里的金老汉听到这个消息后告诉儿子答案，儿子直奔京城，照父亲的计策实告国王，结果顺利闯关。国王很受感动，问其何人出谋献计，才知道是一位年过花甲的老人。国王醒悟到人老阅历深，也是国家的宝贵财富，于是立即废除旧律，通令全国保护老年人。那位金老汉也重新回到家里与儿孙们团聚，直至寿终正寝。从此，花甲宴代替“高龄葬”，成为敬重老年人的一个传统美德。

西会使人健康成长。朝鲜族花甲礼（民俗）已列入国家级非物质文化遗产名录。

回婚礼

回婚礼是在老人结婚60周年时子女们为健在的双亲举行的庆祝活动。这一天，老夫妻穿着结婚时穿过的衣服，子女们摆上丰盛的宴席，为他们庆贺。儿女孙子们一一叩头，给老人敬酒，等老人举杯后，按年龄辈分依次倒酒。亲朋好友也纷纷赶来祝贺。

回婚礼

葬礼

朝鲜族十分重视葬礼，有本民族的传统丧葬习俗。在过去，朝鲜族多实行土葬。当老人亡故后，亲人三天内不准洗脸、理发，也不准吃干饭，而且必须穿孝服。亲友来吊唁，首先在遗体前二叩首，然后再同死者家属相互一叩首。举行葬礼在单日，最早也要在老人故去三天之后，其仪式有“袭”“饭含”“殓”“招魂”和“送葬”等。入殓时要给死者穿新衣，原来的衣服则烧掉。墓地多选在山坡的阳面，头朝山顶脚朝下。下葬后，坟前置供品，叩首。以后要连续祭祀三天，坟前上供：第一天上供祭祀叫“初云”，第二天叫“拜云”，第三天带供品到坟地叫“三云”。此后，每逢死者的生日、忌日、清明、端午、中秋节等都祭祀。随着时代的发展和进步，现在土葬已多改为火葬，程序也日趋简化。

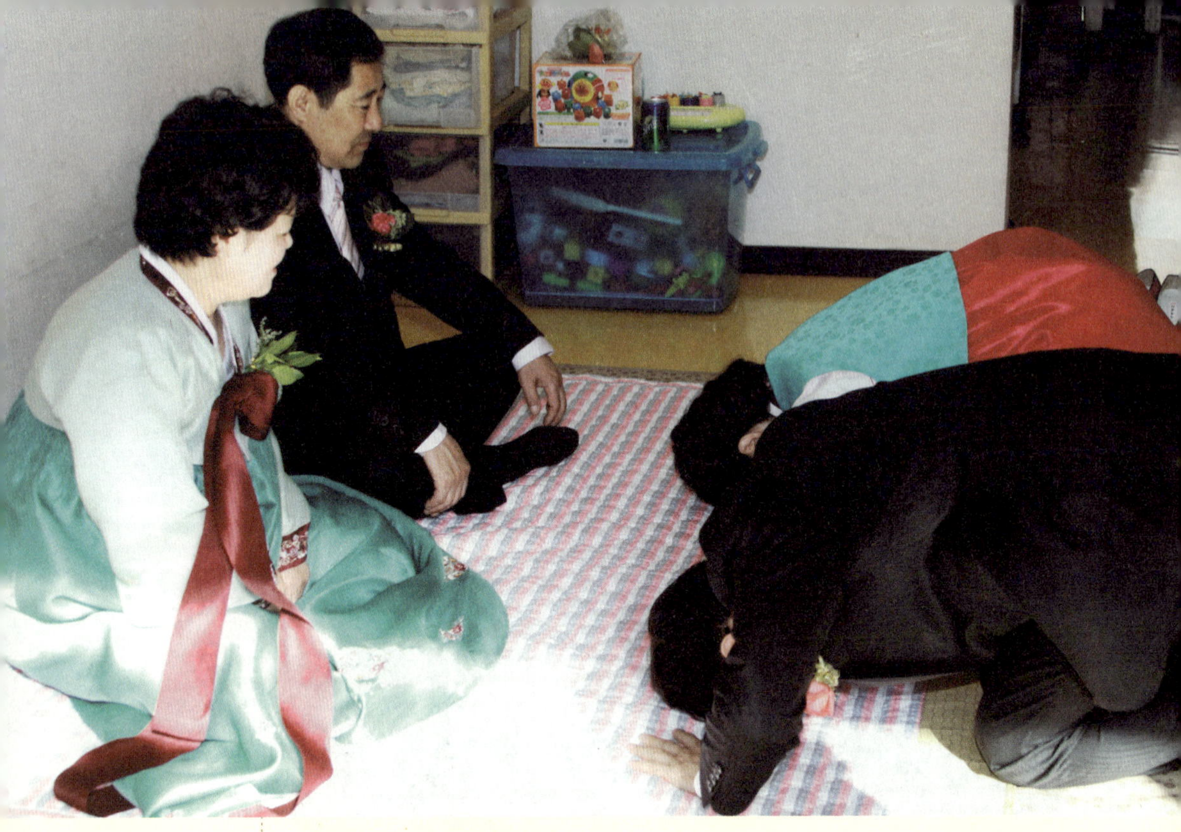

▲

新婚夫妇给父母行跪礼

日常礼仪

朝鲜族素以礼仪民族而著称，其人文雅、礼貌、好客。儒家“孝”的思想对朝鲜族的影响最为深远。早在远古时代，朝鲜族祖先仁爱礼貌，谦虚淳厚。据载，“其人好让不争”；“行者相逢”，往往“皆住让路”，“天性柔顺”。所以，虽强勇，因“少嗜欲”，故“寇钞”之事鲜有发生。至今，在朝鲜族聚居地区，邻里关系相处非常和睦融洽，大家彼此互帮互助，并以民族自豪感自居。

敬老　敬老是朝鲜族伦理道德思想中最具民族特色之风尚。此俗自古有之，并名之为“尚齿”，且有“官大莫如年龄长”之谚语。旧时，凡是新上任的地方官，最先要做的事之一就是要去拜访当地的年长者，以示敬意。在朝鲜族家庭里，男女老少都有较严格的礼节规矩，晚辈对长辈说话必须用敬语，递接物品必须用双手，以显示有礼貌。早晨起床要向长辈请安，晚上要向老人问安。用餐时一般老小不同席，老人要单独设桌。一日三餐，盛饭、盛汤和菜，都要先盛给老人，等老人举匙了，全家人才能用餐。吃饭时匙要放在汤碗里，若是放在饭桌上就表示已吃完。

酒桌上只分年龄大小，不分职位高低。年长者坐上座（门的正面为上座），敬酒先敬长者，而后按年龄顺序饮酒。习惯上年轻人给老年人敬酒，老年人可以回敬，但老年人给年轻人敬酒，年轻人却不能回敬。年轻人与老人同席无法回避时，年轻人则举杯背席而饮，以示对老人的尊敬。还有年轻人不能在老年人面前吸烟，也不能向老人借火点烟。现在虽有所改变，但年轻人在老人面前吸烟时必须用手掌把烟挡住，或者把脸背向老人。

过节时孩子们给长辈行跪礼

年轻人与长辈同行，必须走在后边；与长辈相遇，必须问好让路，尤其在十字路口上，与老人抢路是不礼貌的行为。

好客 朝鲜族是一个重礼好客的民族。与客人初次见面，十分重视礼节，在室外要行鞠躬礼（现在改为握手），在室内则双膝跪席行跪礼。按传统习俗，朝鲜族见到客人后一般先不问对方“贵姓”，而是使用敬语先作自为介绍，这叫“通姓名”。“通姓名”之后成为熟人，双方即可亲热交谈。

家中来了客人，特别是老年人，家庭成员都要起立让座，躬身相迎。青年女子的礼节更为严格，客人来时要回避，一般不能与客人交谈或从中插话，平时坐姿两腿后曲为半跪式。朝鲜族热情好客，遇有稀客、贵客，主人必以酒相待，往往会倾其所有为客人准

互相跪拜

备饭菜，让客人吃好。在用餐的过程中，主人要一直陪着，不能先于客人撂匙儿和筷子。节日的饮食不管多少，多与邻居分尝。

温柔贤惠的朝鲜族女性 朝鲜族女性不论在家庭，还是在社会生活中非常温柔贤惠。作为子女，她们对长辈，无论是亲生父母，还是对公公、婆婆，要恭敬、孝顺。作为妻子，对丈夫要无微不至地关怀，家里的家务如做饭、洗衣服、收拾屋子都自己干，从不借用丈夫的手。特别是20世纪90年代以前，农村的朝鲜族女性特别吃苦耐劳。朝鲜族是以水田劳动为主的，而水田劳动中她们往往扮演着“主力军”的角色。男人扛着铁锹牵着牛，挖挖水沟整整地，说是一种“技术性”劳动，而插秧、薅草、割稻子等许多繁重艰苦的活却留给了妇女。她们不仅要下地干活，而且还要把一日三餐准备得好好的。收工回家，妻子一般都直奔厨房，而丈夫双腿一盘，坐在炕上抽着烟，等着妻子把饭

朝鲜族妇女们在一起做切片糕

菜做好端上来。劳累了一天，但她们还不能休息，有时检查孩子们的作业，有时缝缝补补，有时还准备第二天的早餐。作为女性，她们不仅勤劳善良，吃苦耐劳，而且富有牺牲精神。

节日与游戏

节日

朝鲜族的传统节日，主要有：旧正（春节）、上元节（元宵节）、三巳节（三月初三）、寒食节（清明节）、燃灯节（四月初八）、端午节、流头节（六月十五）、百种节（七月十五）、嘉俳节（中秋）等等。这些节日中显然吸收了汉族农历节日。节日里，除备有美味佳肴外，还根据季节特点，组织各种游戏和体育活动，以增加节日乐趣。

旧正 也就是汉族的春节，是一年中朝鲜族最为重视的节日。除夕之前，各家除洒扫庭院，清扫房屋，制作岁馔、岁装外，还兴挂“福笊篱”或年画。笊篱，用细竹条编制，如同汉族之筛子，平时用于淘米。俗信旧正前夜，将新笊篱用红线悬于墙壁，可全年纳福。年画则挂以山、水、石、云、太阳、松、不老

掷柶戏

草、龟、鹤、鹿等内容的“十长生”画。旧正清晨，穿好新衣，在堂屋行“茶礼”。据载，“岁谒，家庙行祭曰茶礼”，即摆香火，供祭祖先。接着向老人叩首拜年。吃完早饭后，晚辈还要去给邻居和全村长辈拜年。旧正吃年糕汤，喝用中草药泡制的“屠苏酒”。娱乐活动有，以村为单位的拔河和射箭比赛、妇女们的跳跳板和儿童们的放风筝等游戏；还有男女老少共同娱乐的“游诺里”（掷柶戏）。

五谷饭

上元节 吃“五谷饭”或“药饭”，早晨还喝“聪耳酒”。民间相信喝聪耳酒可使人耳聪目明，因此，每人都尝一口。药饭，是以江米、蜂蜜为基本原料，外加大枣、栗子、松子等相配而做成。上元节吃五谷饭，意在预祝当年五谷丰登。上元节传统的民俗有，捞龙卵、卖暑、嫁树、迎月、踏桥等。

三巳日 亦称“花煎游”。花煎是采金达莱花花瓣，拌糯米粉，以香油煎制而成。届时，家家还备酒菜，举行春游活动。

寒食节 这一天，各家前往祖先的坟地扫墓，进行祭祀活动。

燃灯节 亦称“灯夕”“浴佛日”。朝鲜族民俗以四月八日为释迦牟尼诞辰日，家家燃灯，以庆佛诞日。

端午节 朝鲜族吃松饼或艾糕。松饼是以红小豆做馅的半月形米面糕，艾糕则是以艾蒿叶和米面拌在一起蒸的糕点。喝菖蒲酒或“马格力”酒，迷信喝菖蒲酒能避邪气。端午节在春夏交替之际，朝鲜族农村刚好插完秧，所以节庆活动具有祈盼庄稼茁壮成长的内涵。因此，端午节的活动都是精力旺盛的年轻人显示力量的运动，男子摔跤和女子荡秋千、踩跳板等。朝鲜族秋千、跳板（杂技与竞技）已被列入国家级非物质文化遗产名录。

流头节 “流头宴”。农历六月十五，男女老少都到河畔溪边，“浴发于东流水”，以消暑禳灾。又常会饮酒，做粉团浇以蜜水吃，称“流头宴”。

百种节（农夫节） 亦称“百种日”“中元日”。农历七月十五日，旧俗陈列百谷之种，故曰百种节。民间相聚宴饮以为乐。

丰收歌舞

嘉俳节 亦称“秋夕”。农历八月望日为嘉俳日。人们怀着喜悦的心情，为了感谢祖先神灵保佑而喜获丰收，杀猪宰牛，隆重庆祝。各家都用刚收获的新谷做米饭、打糕和松饼等祭祖、扫墓。此外还开展“踩桥”“火烧月宫”等多种传统民间游戏活动。当中秋明月徐徐升起时，跳“岗岗戌来”（女性圆舞）和“快之那庆庆那内”（男性圆舞），迎明月、庆丰收。

跳“岗岗戌来”

上述岁时节庆有些已成为历史陈迹，但旧正（春节）、上元（元宵节）、寒食（清明）、端午、嘉俳（中秋）这五大传统节日，朝鲜族至今仍然隆重欢度。

游戏

在朝鲜族民间，流行着形式多样、内容丰富的民俗游戏，有些民俗游戏已发展成传统的民族体育项目。朝鲜族民俗游戏在同人民生活发生密切关系中发展、变化、丰富起来，形成了比较完整的体系。长期以来，这些民俗游戏在推动人们的劳动生活、陶冶团结和睦的高尚情操、培养熟练技巧等方面起了巨大的作用。

荡秋千

秋千　秋千是朝鲜族妇女最喜欢参加的比赛、娱乐活动之一。朝鲜族妇女荡秋千的历史比较悠久。13世纪诗人李奎极在《端午见秋千女戏（国俗女端午作此戏）》中写道：

推似神娥奔月去，返如仙女下天来。
似看跳上方流汗，顷刻飘然又却回。
莫言仙女下从天，来往如梭定不然。
应是黄莺择佳树，飞来飞去自翩翩。

朝鲜族荡秋千游戏一般在端午节进行。每到端午节，不管在城市或乡村，选一高处地方架设秋千架，系上荡绳和踏板。妇女们穿上鲜艳的民族服装，登上秋千，尽情地悠荡，她们的衣裙和飘带在空中舞动，宛如仙女腾云。围观的妇女们一边喝彩，一边翩翩起舞，欢歌笑语，洋溢着浓重的节日气氛。

现在的秋千架一般高约13米，荡绳长约8~9米，荡绳手握处系有安全带，荡绳下端拴有一块长一尺左右的踏板。

荡秋千分单人荡和双人荡。双人荡时两个人要面对面地站在同一踏板上交错发力悠荡秋千。竞赛多为单人荡。自从荡秋千发展为群众性体育运动后，也多在运动会时作为一项比赛项目，并作为一种赛体力、比勇敢、争上游的群众性民俗游戏体育之花在朝鲜族妇女中争妍开放。

跳板　跳板是朝鲜族妇女喜爱的游戏之一，它具有悠久的历史。每到农历正月十五，妇女们都会穿着节日盛装玩儿跳板。通过玩跳板，既能锻炼身体，娱乐、丰富生活，又能增进友谊、促进团结。现在，跳板也发展成了一种少数民族体育项目。过去，在封建礼教的束缚下，妇女是不能随便外出的，但勤劳勇敢的朝鲜族妇女们用跳板来抵制封建礼教的束缚。相传在围墙里设跳板，通过跳板可以看到墙外面的世界，表达了她们向往自由、美好生活的愿望。

▲ 跳板比赛

现在朝鲜族除了一些乡村和学校进行跳板游戏外，一般在每年一次的民族运动会或喜庆日子里都把它作为一项体育、娱乐项目进行比赛或表演。比赛、表演均由两人为一组进行对跳。首先两人各自站立在跳板两侧，一方起跳，双脚使劲踏板，另一方借力腾空跳起，再靠下落重力将对方弹向空中，如此一起一落，循环反复，腾空高度逐渐上升，最后取其最高点作为评分标准。

跳板动作有直跳、屈腿跳、剪子跳等。跳板时，在双方的默契下，那一起一伏的节奏，非常优美。

◀ 跳板

摔跤 摔跤是朝鲜族男子们喜欢的娱乐游戏和体育项目之一。相传，摔跤是农民创造的一种民俗游戏，后来逐渐发展成深受广大群众喜欢的一种群众性娱乐游戏和体育运动项目。摔跤活动主要在端午节或朝鲜族民族运动会上进行。比赛时设一个直径约10米的沙场作为摔跤比赛场地。摔跤时，摔跤者各自把约90厘米长的腿绳一端系在腰上，另一端系有圆圈的腿绳跨在右大腿上，以便让对手握住。双方以右膝着地，左膝弯曲的姿势蹲下，双方紧握对方的腿绳，经过一场激烈的角逐，凡使对方膝部以上身体的任何一个部位先着地者为胜。摔跤冠军的奖品通常是一头黄牛，获得冠军者亲自牵着黄牛绕场一周，向观众致意。

▲ 摔跤

拔河 拔河是具有悠久传统的民间游戏和集体比赛项目。它是所有民间游戏中参加人数最多、规模和气势最为宏大壮观的传统游戏。主要由男子参加，体现集体的智慧和团结是它的特征。

拔河是在每年的农历正月十五日举行，现多在民族运动会上进行。以自然村为一个参赛单位，同临近的村进行比赛。首先要

拔河

准备拔河绳。绳有雄绳和雌绳之分，用稻草和藤条搓成。拔河绳有20～30厘米粗，长30~40米，由雄绳和雌绳两股绳组成，然后进行拔河比赛，雌绳获胜说明当年农业大丰收，因此雄绳有时故意输给雌绳。

元宵节烧月亮房游戏

鼠火戏 亦称炬战，这种游戏也有很长的历史。通常在农历正月十五日夜间举行，多由青少年参加。村里的年轻人一到这一天，从早上就开始准备火炬。夜晚月亮一出来，首先烧掉事先搭建好的月亮屋，然后燃烧田埂上的野草，以火的旺度决胜负。鼠火戏既可烧田驱鼠，也可烧死农作物的越冬害虫虫仔。

掷柶戏 简称柶戏，又称“莜次”，是朝鲜族不论男女老少都喜欢玩的游戏之一。多在农历正月初一到十五或在民族运动会上进行比赛。“柶“就是把一根长15~20厘米、直径3~5厘米的圆木条劈成两半，共需4根。柶戏历史悠久，早在古代朝鲜族先民就有玩柶戏的习俗。《东国岁时记》中记载：“赤荆二条，剖作四只，名曰柶。长可三寸许，或小如菽，掷而赌之，号为柶戏。四俯曰牟，四仰曰流，三俯一仰

玩柶戏 ▶

▼

曰徒，二俯二仰曰开，一俯三仰曰杰。局画二十九圈，二人对掷，各用四马。徒行一圈，开行二圈，杰行三圈，流行四圈，牟行五圈。……岁时此戏最盛。”

如上所述，这种游戏是按掷出的木条几仰几俯得分，然后根据所得分数在柶盘上走马，一般游戏双方各有四马，哪方先走完四马就算赢。掷柶要讲究技巧，走马更要动脑子。柶戏两个人也可以玩。如果人多，也可以分队集体进行。

信仰与禁忌

信仰

历史上朝鲜族信仰多种宗教，既有原始的万物有灵论的多神信仰，又有佛教、基督教等世界性宗教信仰，也有近代产生的民族宗教信仰，如天道教、侍天教、济愚教、青林教、元倧教、檀君教、大倧教等。新中国成立后，这些宗教信仰在朝鲜族社会逐渐消失。改革开放后，随着宗教信仰自由政策的重新落实，朝鲜族宗教信仰中基督教的影响逐渐扩大，其信徒也明显增多。目前，朝鲜族的宗教信仰主要以新教、天主教为主，尤其是新教发展速度较快。

新中国成立前，朝鲜族信仰多种宗教，其中有萨满教、天道教、大倧教等本民族原有宗教，也有佛教、儒教、基督教等外来宗教。虽然这些名目繁多的宗教各具千差万别的教义，却能够并存不悖。萨满教神龛、佛教寺庙、孔庙以及基督教堂可同时并存于一个地区之内，甚至一个人可以同时是儒教和佛教的信徒，一旦遇到麻烦时，他还会求助于“巫堂”（萨满教巫师）。

朝鲜族的宗教信仰之所以如此错综复杂，归根结底是由朝鲜族先民所经历的复杂的历史环境以及各个发展阶段的社会生产方式所决定的。特殊的历史背景使朝鲜族的先民成为信仰多种宗教的民族。早在原始社会和奴隶社会时期，朝鲜族的祖先就信仰萨满教。作为本民族的原始宗教——萨满教在朝鲜族历史上一直起着不可忽视的作用。佛教于公元4世纪由我国传入朝鲜，到了高丽王朝时期佛教盛行达到了顶峰，它对朝鲜族祖先的生活及文化均有深远影响。我国的儒家思想早在公元前1世纪开始传入朝鲜，并形成儒教。朝鲜王朝时期儒教成为国教，它对朝鲜族先民的影响是多方面的。随着西方资本主义势力的东进，基督教于18世纪后半叶开始传入朝鲜。信仰儒教的封建统治者曾几度镇压、禁止基督教，但均未奏效。与此同时，由于反对外来资本主义势力的民族觉醒的高涨，出现了一些新的本民族宗教——天道教、大倧教等。

新中国成立前，朝鲜族传统信仰大体可分两类：以村落为单位的公共信仰和以个人或家庭为单位的私人信仰。最普遍的村落公共信仰是神堂信仰。该信仰将村落守护神供奉于神堂，并举行村落公共祭祀，以祈祷村落的安宁和五谷丰收。除了神堂信仰外，还有堵水口、长丞、鸟竿等村落公共信仰。

龙井市龙南村举行的巫祭场面

萨满教 私人信仰包括米占、龟占、算占等各种占卜和萨满教。萨满教是阿尔泰语系各民族的原始宗教信仰，在佛教传入之前它是朝鲜族先民信仰的唯一宗教。萨满教以灵魂崇拜为主要内容，它认为世间所有的东西，不论有无生命都有灵魂。在灵魂众多的世界上，人们要想过安宁的日子，就必须与灵魂和谐相处，为了这一目的，人们就需要与灵魂世界进行对话，而具有“特殊能力”的“巫堂”（mutang），便是沟通人类世界与灵魂世界的中间人。“巫堂”多由女性充当，偶尔也有男性巫师，称作“巴克苏 baksu”。“巫堂”按其技能可分为“世袭司祭巫堂”和“降神灵感巫堂”两类。虽然萨满教没有固定的庙堂和信条，也没有教徒，但人们在遭到某种困难并束手无策时，就会转求“巫堂”。

龙井民俗博物馆举行的朝鲜族传统巫祭

天道教　天道教创立于1860年，当时称作“东学”，以表示与“西学”（天主教）对立。天道教是以朝鲜族祖先原有的天神思想为基础，并吸收了儒教、道教以及若干图谶秘记的部分内容而逐渐形成的带有神仪色彩的宗教信仰。经过几次改革之后，天道教把教义的重点放在“守心正我”培养人格上。1906年“东学”改称天道教后，在延边朝鲜族地区进行传教活动。20世纪20年代初，教徒们参加反日斗争，遭到了日本帝国主义的镇压。

大倧教　大倧教又名檀君教，创立于1909年。该教信奉朝鲜民族古代神话中的始祖神檀君。大倧教的教义用一句话概括就是：人“归真”而成天主。大倧教最早于1911年开始传入延边地区。由于该教主张反日，鼓吹民族主义，教势发展很迅速。1920年大倧教受到日本帝国主义的残酷镇压，20世纪40年代，大倧教由于日本帝国主义的迫害和镇压逐渐衰亡。

宗教有其产生、发展和消亡的过程。它在一定的社会历史条件下产生和发展，也随着社会历史条件的改变而逐渐发生变化以致最后消亡。新中国成立后，在社会主义制度下，朝鲜族人民在物质文明建设和精神文明建设中取得了可喜的成绩，随着普及教育的实现，全民族的科学文化水平空前提高，朝鲜族的宗教信仰也发生了极大的变化。上述诸宗教信仰中，除基督教外，其他宗教信仰已基本消失，基督教的势力和影响也有了很大的衰退。但是，所有这些并不意味着“朝鲜族中已经不存在信仰宗教的问题”。一方面，旧的宗教影响仍然存在着，并且不可能在短时期内消除；另一方面，不少地区朝鲜族群众中仍有信仰基督教的信徒，近几年来甚至出现了增加的趋势，有些国外基督教势力的渗透活动也有了明显的增加。因此，认真执行党的宗教政策和正确处理宗教问题仍然是朝鲜族聚居地区民族工作中的一个重要内容。

禁忌

朝鲜族从家庭生活到社会生活都有相应的禁忌规范。妇女怀孕不能接触任何被认为是不洁净的事物，不能跨过草绳，不能杀生等等，否则将以为会难产或者婴儿畸形。孩子出生后，大门口拉上“禁绳”。如生男在禁绳上挂红辣椒、松枝等，而生女孩则在禁绳上挂木炭、松枝等。“禁绳”是左旋方向搓就的稻草绳，它具有吓退邪恶鬼神之作用。当然，主要是为了禁止外人进出而传递信息之用。

到朝鲜族家做客，男宾一般不走主妇的房间，而由客房门直接进会客室。女客可以进大卧室。最忌讳坐门槛。

禁绳

第四章
朝鲜族文化

朝鲜族是能歌善舞的民族，有丰富的民族文化遗产。朝鲜族的文学艺术由于历史和地理的原因，迁入初期主要是继承和移植朝鲜的文化。后来朝鲜族同我国各兄弟民族一起，经过长期的革命战争和生产劳动的实践，在原有的文化基础上不断汲取兄弟民族的优秀文化，创造了区别于朝鲜和韩国的具有中国朝鲜族特色的崭新的民族文化。

语言与文字

朝鲜族有本民族的语言和文字。绝大多数的语言学者认为，朝鲜语属阿尔泰语系。朝鲜族使用的朝鲜语与朝鲜半岛居民使用的语言是同一种语言，可以通用。

朝鲜语属于黏着语，以词干上接缀黏附成分来表示各种语法范畴。加在体词上的附加成分有表示数和格的，而加在谓词上的附加成分有表示时、尊称、阶称、法和式的。这些黏加成分在表示各自的语法意义的同时，还决定词在句子中充当什么句子成分。体词的格有主格、属格、宾格、造格、与格、位格、共同格和呼格。有些格黏成分因体词末音节的开闭而有所不同。

《辽宁朝鲜文报》

朝鲜语口语分为六个方言，即：①平安道方言，②咸镜道方言，③全罗道方言，④庆尚道方言，⑤济州道方言，⑥中部方言。但各个方言之间差别并不悬殊。

朝鲜语没有声调，有一部分音节随音的高低、长短不同，词义也有区别。朝鲜语词汇包括固有词、汉字词

辽宁民族出版社出版的朝鲜语词典

和外来语借词。固有词是朝鲜语自身原有的词汇。汉字词指来源于汉字，按照朝鲜语传统的汉字读音拼读的词汇。汉字词的词义大部分与汉语相同，但也有不尽相同或完全不同的。汉字词中也有一部分朝鲜民族利用汉字独创的词。除了固有词和汉字词以外，借用其他各种语言的统称外来语借词。

同义词较多是朝鲜语词汇的特点之一。敬称和非敬称关系的存在以及大量汉字词与固有词的重叠是同义词产生的主要原因。众多同义词的存在使朝鲜语在词义表达上更加细腻和多样化。

名词、代词有格、数范畴；数词有格范畴；动词有态、尊称、时、式和阶称范畴；形容词有尊称、时、式和阶称范畴。尊称范畴是对谈话对象表示尊敬的意义。阶称是对听话者表明一定的尊卑礼仪关系的语法范畴，分为尊敬阶、对等阶和等下阶三种。

朝鲜语的句子成分包括主语、谓语、补语、定语、状语以及表示称呼、呼唤、接续关系的独立成分。主语一般在谓语前面；补语在主语之后，谓语之前；定语则在它所修饰的中心词之前；状语在被它修饰的谓语之前。冠词在句子中只能作定语。

朝鲜族使用的文字称为朝鲜文，也是朝鲜半岛南北通用的文字。这种拼音文字，是在朝鲜王朝世宗主持下于1443年12月创制的，最初称为“训民正音”，简称“正音文”，俗称“谚文”。“训民正音”，其中“训民”二字表明创

訓民正音
國之語音異乎中國與文字
不相流通故愚民有所欲言
而終不得伸其情者多矣予
爲此憫然新制二十八字欲
使人人易習便於日用矣
ㄱ牙音如君字初發聲

训民正音

朝鲜语字母表

制新文字的目的；而“正音”则表明“正确地记写朝鲜语音文字”之意。

训民正音原有28个字母，其中包括17个初声字（辅音）和11个中声字（元音）。正音文字既属于音位文字，同时又具有音节文字的性质。一个音节可分为“初声”“中声”“终声”，但书写时必须以音节为单位组合成方块，初声在中声之上或之左，终生在初、中声之下。

到19世纪末，正音文字成为官方通用文字，此后正音文字改称“韩字（HANGUL）”。1895年以后，朝鲜王朝的法律、告示、公文、证书等一律改用中间夹带汉字的“韩字”。

新中国成立后，将朝鲜族使用的文字定名为“朝鲜文”。朝鲜文现有40个字母，拼写时把同一音节的音素叠成字块，构成方块形文字。以前朝鲜文字中曾夹用汉字，现在都用本民族文字拼写。

民歌

朝鲜族民歌内容广泛，有农民在长期劳动生活中创造的“农谣”，有从巫俗中发展而成的“神歌”，也有封建社会末期城市庶

民谣表演

民创造、后来又传播到农民中而成为民众歌谣的“杂歌”，还有20世纪初由进步学生和知识分子创造，并在口头流传中定型的“新民谣”等。

朝鲜族民歌的特点是和周边民族的二节拍系列民歌不同，都是三节拍系列歌曲。音色婉转，旋律优美流畅，曲调迂回、婉转、悠扬。朝鲜族民歌的这一特点与朝鲜族传统文化的审美观念有关。朝鲜族物质文化遗传中的传统民居屋脊与民族服装衣袖下摆线、非物质文化遗产中的舞蹈姿势表现出来的缓慢的弧线美与口传文化遗产中的民歌迂回、婉转、悠扬的表现形式是相一致的。

阿里郎

《阿里郎》是朝鲜族口传与非物质文化遗产中最具有民族文化传统特色的代表。它是一首在朝鲜民族群体中口头传承下来的历史最为悠久、流传最为广泛、男女老幼人人喜爱的民谣。

关于《阿里郎》的创作年代和起源的故事有20余种说法。创作年代最近的说法则认为：《阿里郎》起源于19世纪后期，当时劳动人民以非暴力形式反抗统治者的苛政，民间开始流传《我离娘》《我难离》等民谣，这些歌谣就是《阿里郎》的雏形。《阿里郎》的原型歌词只有四行：

舞蹈“阿里郎”

阿里郎，阿里郎，阿拉里哟！

阿里郎越过那含恨的山岭。

离我远去的郎君啊，

走不出十里路，迈不动脚。

可见原型《阿里郎》的主题是爱情，反映的是离别之情。从歌词的内容上看，一对情侣别离之时，送情郎的人并没有采取直截了当地拉住情郎的方法阻止别离的发生，而是送走了情郎之后以婉转而迂回的方式表达出希望“离我远去的郎君”因“走不出十里路，迈不动脚”而返回自己身边的心境。歌谣的节奏和曲调也和歌词的主题相一致，采取了3/4节拍，音色婉转、旋律优美流畅、悠扬而忧伤，感情真挚细腻。

民谣《阿里郎》除了原型之外还有186种变型，形成了庞大的《阿里郎》民谣群。这些变型《阿里郎》中，37%的民谣仍以爱情与别离为主题，也有19%的民谣以单纯娱乐为主题的，其他的则以爱国、结婚、自立等内容为主题。

由于原型《阿里郎》歌词比较含蓄，在不同的历史时期，不同的咏唱者给民谣赋予了不同的寓意。歌词中“离我远去的郎君”有时是一个负心汉，有时却是个出门打工的农夫、经商的商贾、从戎的军人或赶考的学子，甚至于可能是家庭、村落、社区、民族群体中的部分成员。

1940年5月21日，在西安南苑门剧院上演了朝鲜族歌剧《阿里郎》。歌剧生动地讲述了两位朝鲜族青年在抗日战争中从普普通通的民众成长为革命战士的经历。一对青年男女在平日里相亲相爱，过着幸福美满的生活。后来日本帝国主义侵占了他们的国土和家乡，他们的美满生活被彻底打碎了。为了把日本帝国主义从美丽的家园赶走，年轻的夫妻离别了年迈的父母，来到了中国华北抗日战场，与汉族和其他民族抗日战士们一道投入了抗日革命斗争中。该歌剧以朝鲜族传统民谣《阿里郎》为主旋律，把观众和听众带到了硝烟弥漫的抗日战场，振奋和鼓舞了中华民族的抗日斗志。

中华人民共和国成立之后，朝鲜族文艺工作者多次在全国性文艺汇演中演唱《阿里郎》并取得了优异成绩。在第三届全国青年歌手大赛上，延边朝鲜族歌手金锦子演唱了民谣《阿里郎》，并获得了三等奖。1990年，在全国歌曲比赛中，延边歌舞团表演的歌剧《阿里郎》荣获了“中华杯”一等奖。2002年，第十届全国青年歌手大奖赛上，延边朝鲜族歌手组成的四人组合“阿里郎”演唱组连摘两项桂冠。2011年朝鲜族民谣《阿里郎》被确定为国家级非物质文化遗产。

道拉吉（桔梗谣）

《道拉吉》是描写朝鲜族妇女们采集桔梗时的劳动场景，常常伴之以轻松愉快的舞蹈动作。“道拉吉，道拉吉，道拉吉，白白的道拉吉长满山野，只要挖出一两棵，就可以装满我的小菜筐，哎嘿哎嘿哟，这多么美丽，多么可爱哟，这也是我们的劳动生产。”音乐轻快明朗，生动地塑造了朝鲜族姑娘勤劳活

欢快的“道拉吉”舞蹈

泼的形象。

此外，朝鲜族民谣还有《诺多尔江边》《阴山道》等。

知识链接 **诺多尔江边** 诺多尔江边的春杨柳，千丝万条在风中摇荡，难道我们不能让岁月紧紧地缠绕在那垂柳枝上？哎哟哟！春杨柳，啊，怎能相信你哟！只见那岁月无情如流水，滔滔不息地流去。

诺多尔江边的白沙滩，每颗沙粒都留下痕迹，长年的风霜，悠久的岁月；风吹雨打已不像当年。哎哟哟！白沙滩，啊，怎能相信你哟！只见那岁月无情如流水，滔滔不息地流去。

诺多尔江奔腾的流水，你呀，为什么如此无情？青春美貌的才子和佳人，你带走了不知有多少！哎哟哟！流水呀，愿你快回头哟！把这人间千愁万恨，全都冲洗得干干净哟。

乐器

朝鲜族主要传统乐器有：筒箫、短箫、筚篥、唢呐等吹管乐器；奚琴、四弦奚琴、牙筝等拉弦乐器；玄琴（玄鹤琴）、伽倻琴等弹拨乐器；杖鼓（长鼓）、手鼓、架鼓、大锣、大金、小金等打击乐器。其中伽倻琴是历史最为悠久的传统乐器之一。

伽倻琴

伽倻琴，是朝鲜族传统弦乐器之首，是民族色彩很浓厚的弹拨乐器，形状近似于汉族乐器古筝，流行于辽宁、吉林、黑龙江、内蒙古、河北等省区，尤以延边朝鲜族自治州最为盛行。朝鲜族人民现在使用的伽倻琴，据说是伽倻国嘉实国王命乐师于勒始作于6世纪，是经过若干世纪的流传改进并吸收其他民族乐器的优点而制成的。由于有底板而形成共鸣箱，显著增强了音量并丰富了音色。

伽倻琴弹唱

伽倻琴由琴框、面板、底板、琴柱和琴弦构成。琴身长约152厘米、宽17～21厘米。

▲

伽倻琴表演

琴框是长方形的边框，右为琴首，左为琴尾，上面蒙以呈拱形的薄水面板，采用长白山生长的纹细质松、易于振动的鱼鳞松或梧桐木制作，琴底有底板和琴脚，底板用栗木、琴框和琴柱使用红木或花梨木等质地较硬的木料制作，琴首一端有凸起的岳山支弦，张有13条琴弦。琴柱安置在面板中部，排列呈雁形。每条一柱，可移动以调节音高。

新中国成立后，伽倻琴得到不断改进，已制成五声音阶18弦伽倻琴及七声音阶21弦伽倻琴。后者加大了共鸣箱，采用尼龙弦和尼龙钢丝弦，音响洪亮，音色优美动听。

演奏伽倻琴，右手除小指外均用于弹奏，技巧有弹、拨、滚、扒等，泛音特别清澈动听。左手技巧有按、颤、推、揉等，是表现伽倻琴独特风格的重要手段。伽倻琴也可演奏双音、和弦以及简单的复调音乐，演奏中一般不转调。伽倻琴有丰富的表现力，通过演奏者纯熟的手法，能表达出刚毅、柔和、喜、怒、哀、乐等不同的情感，或奏出雄壮、激昂的宏伟场面，尤其适于演奏轻快活泼的民间音乐作品。

长鼓

亦名“杖鼓”，是朝鲜族民间乐器中的最基本的打击乐器。鼓身为中段细实，两头粗空的木质圆筒状，长约70厘米。用细绳

长鼓

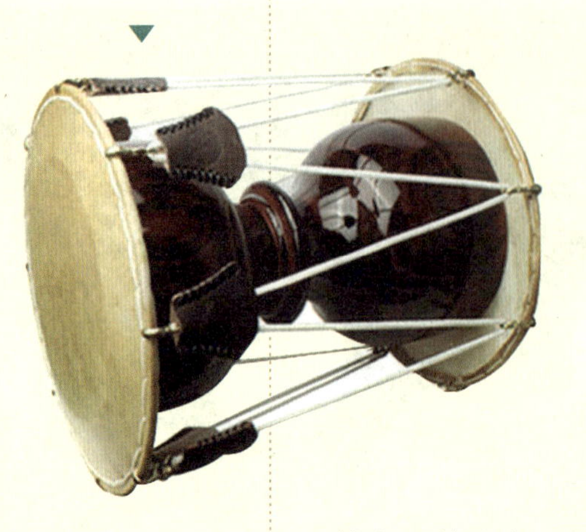

绷紧的左右鼓面分别用牛皮和马皮（或羊皮）做成。因鼓腔大小和蒙皮薄厚有别，可发出两种不同音色，粗端为柔和深沉的低音，细端为清脆明亮的高音，一般为四度或五度音程关系，并可根据需要调节音高。演奏时，把长鼓挎在身前或放在木架上，左手敲击蒙上牛皮的低音鼓面，右手执鼓槌儿（用细竹条做成）敲击蒙上马皮（或羊皮）的高音鼓面。高低音鼓声节奏交错，变化多样。演奏技巧丰富，左手有单面鼓点、单花点、双花点和闷鼓点四种，右手有单鼓点、单花点、双花点、滚奏、震奏等多种。常用于声乐及舞蹈伴奏。舞蹈用长鼓略为短小，叫作“舍儿杖鼓”。

洞箫

管身竹制，以选取竹子底部向上一至七节部位为宜。过去也曾多用空心木制作。全长70~74 厘米，上端外径3.6厘米，下端外径4.3厘米，内径2厘米，上端开有吹孔，在距上端20厘米处开一膜孔，膜孔上面设有一个可调节的方形膜孔盖。膜孔以下开有5个按音孔(前四后一)，下端开一个出音孔。管外各竹节处均用黑色细丝绳缠扎，以防管壁开裂。

洞箫

演奏时，竖吹，奏者采用坐姿或立姿均可。左手拇指按背孔，食指、无名指按上两孔，右手食指、无名指按下两孔。调整膜孔盖开闭的多少可以改变音色，全部开放可使音色宽而亮，反之音色则柔和。吹奏时常头部左右摇晃，使发音产生颤动。筒箫有F调、♭B调等多种，超吹音域可达两个八度。演奏技巧以颤音、滑音为主，音色富于变化。常用于独奏或齐奏，曲目多为民歌曲调，如《阿里郎》等。独奏时多用杖鼓、圆鼓伴奏，音乐常由慢而快，到高潮时戛然而止，独具一格，很有特色。

▲ 吹洞箫

朝鲜族筒箫音乐（民间音乐）和朝鲜族传统乐器制作技艺（传统手工技艺）已被列入国家级非物质文化遗产名录。

舞蹈

风格优雅、细腻而柔和的朝鲜族民间舞蹈富有浓厚的民族色彩和生活气息。对于能歌善舞的朝鲜族来说，民间舞蹈一直是他们丰富多彩生活的重要组成部分之一。它不仅是佳节或喜庆之日里人们表达思想感情的主要娱乐形式，而且也是预祝或庆祝丰收，以至在生产劳动中借以消除疲劳的一种手段。正因为如此，朝鲜族民间舞蹈具有极为广泛的群众基础，无论是五六岁的儿童，还是年逾古稀的老人，在农家的火炕、地板上，在田野的阡陌间，或在能容纳数万人的广场上，都能踩着长鼓的节拍或伴着民歌的优美旋律尽情欢舞。

朝鲜族民间舞蹈的特点是动律优美、细腻、柔和而悠长，它的技巧大多集中在手、腕、臂、膀等上身动作中。有人说朝鲜族民间舞蹈动中有静、柔中带刚的舞步与白鹤的步子有关系。但是这种舞步和手臂的基本动作（围手）实际正是从水田撒播稻种的劳动姿势中演变而来的。

农乐舞

农乐舞是朝鲜族中广为流传的民间舞蹈之一，由农乐游戏演变而来，表演以打击乐器锣鼓为先导，领衔者为一打铜锣者，舞蹈的开始、中间的变换及结尾，均由打锣者指挥。表演时，必须有一位打旗的人，旗上要写“农者天下之大本也”八个大字，站在打锣者之前，尽情舞动，满怀豪情。在农乐舞的表演中，没有演员和演奏者之分，一般都是演员一边演奏一边舞蹈。农乐舞中，最富民族特色的舞蹈道具是“象毛”，即安在帽顶上可转动的长飘带。舞蹈者只要随音乐旋转头部，象毛即可腾空而起，并在空中形成不断旋转的圆形，可使观舞者眼花缭乱。

手鼓舞

农乐舞源远流长，在古代，庆祝佳节或五月播种、十月秋收时，为表达喜悦心情而尽情欢跳的舞蹈。新中国成立后，朝鲜族舞蹈工作者坚持取其精华、剔除糟粕的原则，经过加工整理后把传统的农乐舞加以创新、继承、革新，发展了传统农乐舞中的“象帽舞”、长鼓舞、鼓舞、小鼓舞等表现劳动农民的骄傲和浓厚

农乐舞

生活乐趣的部分，使舞台上的《农乐舞》成为了表现土地和国家主人的农民的喜悦以及反映朝鲜族农民幸福生活的舞蹈。

象帽舞

延边朝鲜族自治州汪清县百草沟镇，农乐舞在这里得到了很好的传承，被称为“象帽之乡”。延边朝鲜族象帽舞艺术团先后荣获了代表国家舞蹈最高荣誉的“荷花奖”“群星奖”“文华大奖”“金穗奖”“优秀剧目奖”“优秀组织奖”和“特殊贡献奖”等十几个国家级大奖。2006年朝鲜族农乐舞被文化部批准为第一批国家级非物质文化遗产；2008年，被命名为中国非物质文化遗产代表作；2009年9月30日，又被联合国教科文组织批准列入《人类非物质文化遗产代表作名录》，是中国唯一进入联合国保护非物质文化遗产舞蹈类项目，成为入选的22个中国项目之一、76个世界级非物质文化遗产之一。

长鼓舞

朝鲜族长鼓舞是舞者身挎长鼓边敲击节拍边跳的民间舞蹈。它原是农乐舞的一个组成部分，后来逐步发展成单独的舞蹈形式。民间艺人在用长鼓伴奏的对唱等表演艺术中，出现高潮时的

长鼓舞

▲

长鼓舞群舞

即兴表演也丰富了长鼓舞的表现形式。

长鼓舞节拍的基本奏法有低音鼓面的大宫、小宫、叠宫、马宫、古里宫等奏法和高音鼓面的大棰、小棰、叠棰、乱棰、细棰、颤棰等奏法。常用的节拍有古格里、安当、挥莫里等20余种。

脱胎于“农乐舞”的长鼓舞，也是朝鲜族代表性的舞蹈之一，以独特而典雅飘逸的舞姿而驰名中外。长鼓舞的主要表演形式有两种，一种是农乐舞中的“舍儿杖鼓”舞，即使用鼓槌儿和短而粗的鼓棒击鼓。开始时将鼓棒插在长鼓绷绳上，右手执鼓槌儿敲击慢节奏，舞蹈动作缓慢、柔和，待到情绪高昂时，左手拿起鼓棒，加快节奏，舞蹈动作也转为欢快、跃动。另一种长鼓舞，不用鼓棒，单用鼓槌儿敲击出交错多变的节奏，舞蹈动作抒情、优美、柔和。长鼓舞的典型动作有柔和、细腻的扛横手、碎步移动转等，以肩挎长鼓，右手持鼓鞭，边跳边敲的形式表演，身、鼓、神融为一体。长鼓舞有独舞、双人舞、群舞等。男子的长鼓舞豁达、跃动，仍以农乐舞的风格为基调。妇女的长鼓舞奇妙地融合了长鼓的独特造型美、优美的舞蹈动律以及轻快而有节制的节奏，表现出朝鲜族妇女的美好情趣。长鼓舞具有动作由内在、含蓄到勃发，节奏由慢到快交错多变以及富有造型美等特点。早在1956年全国文艺会演中，《长鼓舞》即被评为优秀舞蹈作品。朝鲜族长鼓舞（民间舞蹈）已列入国家级非物质文化遗产名录。

造形优美的长鼓舞独舞

鹤舞

已被列入国家级非物质文化遗产名录的朝鲜族舞蹈还有鹤舞。鹤是朝鲜族最喜爱的鸟类之一，在民间公认为自由、幸福、长寿、洁净的象征。鹤舞是朝鲜族传统舞蹈之中唯一的饰鸟

鹤舞

舞。鹤舞的动作模仿鹤的姿态和各种动作，所以与一般的朝鲜族民间舞蹈的基本动律不相符。传统鹤舞由二人表演，表演者从头到脚打扮成鹤，模仿鹤的各种优美姿势和抖动身体、抬头张望、啄食等动作。目前朝鲜族舞蹈工作者表演的《鹤舞》是在传统鹤舞的基础上加工整理出来的，它着重继承了传统鹤舞的动作技巧，也省略了繁杂的衣饰，并采用了群舞形式。

僧舞

僧舞起源于佛教仪式舞中的法鼓舞。寺院里的法鼓舞流传到民间，在世俗化的漫长过程中，经过不断地修改和补充形成了僧舞。它反映了僧尼在与世隔绝、孤独寂寞的寺院生活中，因思念自由的世俗生活而烦恼的内心世界与思想斗争。僧舞始终用舞蹈动作表现出复杂而矛盾的心理活动和思想感情，而这正是朝鲜族民间舞蹈的主要特点，加上它的节奏包括朝鲜族民间舞蹈最基本的几种节奏，所以僧舞被公认为是朝鲜族民间舞蹈艺术的精华。有句流传下来的行话是这样说的："掌握了僧舞的技巧，才算学会了朝鲜族民间舞蹈。"

▲

僧舞

僧舞表演者身着白衣蓝裙，上套白色僧衣，肩披红色袈裟，头戴三角形僧巾帽。在场地的后方中间立着挂有法鼓的鼓架。开始时舞蹈者双手执鼓槌，背人面鼓而立，随着音乐节奏慢慢转过身，徐徐张开两臂，使得双肩和僧衣长袖形成缓慢的抛物线。这种抛物线是典型的朝鲜族造型美之一。突然，改变抛物线，僧衣长袖抛向空中，似乎缠人的烦恼也随之而抛了出去……可到头来烦恼还是缠磨不已！接连抛出去的雪白僧衣袖，使人联想天上的朵朵白云。借问飘浮的白云，尔能把僧尼的烦恼带走？表演者舞肩的动律波及长袖末端，也波及腰、腿直至蓝色长裙遮盖下似露不露的脚尖，达到"动中静"和"静中动"的最高境界。僧舞的高潮随着接连的击鼓声形成，念佛节拍、打令节拍、古格里节拍……阵阵法鼓声把观者引向神秘的幻想世界。鼓声骤然而止，长袖再次抛向空中之后结束舞蹈。

顶水舞

顶水舞因舞者头顶水罐起舞而得名，是朝鲜族女性表演的传统舞蹈。

朝鲜族妇女习惯用头部顶着器物行走。在插秧、锄草季节，妇女们常用头顶水罐将水或米酒等送至田间地头。顶水舞即在这种生活习俗基础上形成，并在群众中间广泛流传。20世纪50年代初期，顶水舞在延边各地随处可见，成为当地最广泛的群众性民间舞蹈之一。

舞者顶的水罐，原是生活中的实物，后来为了便于起舞，多用纸糊的罐形道具，在表层上绘以漂亮的花纹，轻巧别致。随着道具的变化，舞蹈动作也相应发展。顶水舞以“挫垫步”“踏波步”“碎步”为基本步伐，主要动作有“甜泉舀水”“玉指弹珠”等。舞蹈通过模拟顶罐行进中的各种生活动作，抒发欢乐喜悦的内心感情，舞姿轻松优美。

欢快的顶水舞

长袖舞

舞姿优美的长袖舞

长袖舞是朝鲜族传统的宫廷舞蹈，相传在很久以前的封建社会里，姑娘们的胳膊是不能让其他人看见的，个个都穿起了长袖服装，也因此衍生了朝鲜族这一著名的舞蹈。长袖舞舞姿优美，是流传在古代朝鲜宫廷内的一种皇家舞蹈，后流传到民间，随着朝鲜族的迁移传入我国，并在朝鲜族居住地区广为流传，后来被搬到舞台上进行表演，成为具有朝鲜族代表性的舞蹈。

今日朝鲜民族舞蹈的风格，不仅朝鲜半岛南北殊异，也因所处的社会文化环境而呈现着它的独特风采。

延边朝鲜族自治州汪清县文化馆的舞蹈老师将长袖舞整理、编排，并搬到舞台上进行表演，逐步形成了汪清县比较有特色的一种朝鲜族舞蹈。长袖舞全部由女子身穿长衫，套着长袖，随着欢快的民族音乐节奏，翩翩起舞。舞姿优美，令人赏心悦目。2011年3月被命名为州级非物质文化遗产。

乞粒舞

乞粒舞是流传于本溪市桓仁满族自治县的朝鲜族民间舞蹈，历史悠久、特色鲜明，以其独特的地域性和广泛的群众性，丰富了我国民族民间的文化艺术。

乞粒舞集象帽舞、长鼓舞、碟舞等多种舞蹈形式于一体，融入了拔河比赛中“双层舞”的精华，并将“乞粒”活动中的歌舞

知识链接 **双层舞** 双层舞与朝鲜族群众喜爱的拔河比赛密不可分。传说很久以前，海神肆虐，下连年的暴雨，冲毁了土地和家园。那时五女山是一条受风浪袭击而搁浅的大船，行将倾覆。于是人们从山上砍来无数藤条编成了一条巨大绳索，拉着“大船”闯过急流险滩，朝鲜族群众才过上了风调雨顺的日子。为纪念“闯滩”之举，人们把“拉船”演变成了拔河。从此每年春节后，依山傍水结庐而居的朝鲜族人就开始举行拔河比赛，以确定主办部族公益活动的资格。人们到山上割来葛藤、榆条，剥下青麻，编织象征调风顺雨的“青龙”，巨大的绳索逾百米长。至正月十五，男女老少聚集河边，两个村庄的族人以河为界，开始争夺“青龙”的较量。届时青年、壮年齐上阵，老幼妇女组成啦啦队助威，儿童站在大人肩头，摇手舞臂。经过激烈争夺，决出胜负。拔河结束后，胜利者抬着奖品“青龙”，让孩子们站在大人的肩上高歌狂舞，通宵达旦。后来人们给这种表演形式起了个形象的名字，叫“双层舞”。

部分纳入其中，形成了独特的表演形式。

乞粒舞在节日表演，选宽敞的场地进行，男女老幼皆可参加。每次表演，少则几十人，多则上百人，场面热烈，阵容恢宏。整个舞队入场前，按照男左女右的位置，顺序排列。走在舞队前面的是头戴象帽的小伙儿和老汉，他们边走边旋动象帽上的彩色长绸。紧跟其后的是舞队总指挥，手执铜钹，边走边打，以节奏控制行进速度。随后依次是两个圆鼓手、两个长鼓手、两个农鼓手、两个朝鲜大锣、舞队的青年男女、上了年纪的老人。最后是表演“双层舞”的男演员，他们肩上站着小孩儿，小孩儿手中拿着鲜花或者彩绸，不停地舞动，象帽上的长绸飘带飞快地旋

转。在“双层舞”里，年逾花甲的长者居于显赫位置。舞队入场后，逐渐形成一个大圆圈。所有人依次下到场中，表演自己最拿手的技艺。随着音乐节奏的加快，队形的变化，舞蹈进入高潮，此时不分角色，不分性别，全部舞进场内，高潮过后，表演者在总指挥的铜钹声中，重新回到各自位置，列队退场。

2006年，乞粒舞被列入国家级非物质文化遗产名录。这一辽东大地上古老的艺术形式日益绽放出夺目的光彩，成为中华民族多元文化中灿烂的一脉。

此外，朝鲜族民间舞蹈还有假面舞、剑舞、扇舞、刀舞及妇女圆舞“岗岗戌来”和男性圆舞“快之那青青那内”等。具有鲜明民族特色的朝鲜族民间舞蹈，是祖国文艺百花园绚丽夺目的奇葩。

▲

刀舞

民间传说故事

朝鲜族的神话传说，是古代朝鲜族先民在原始氏族社会阶段所创造的文化财富。朝鲜族神话传说包括氏族起源神话、朝鲜建国神话等多种类型。

如同其他的民族一样，朝鲜民族的历史也是从神话开始的。传说朝鲜民族的祖先是檀君，名王俭，是古朝鲜的开国君王。《檀君神话》是古朝鲜建国神话，讲的是天帝的庶子桓雄下凡到太白山顶的神檀树下。当地有以虎为图腾的氏族和熊为图腾的氏族，桓雄与熊图腾氏族的女子结婚，生下檀君王俭。檀君建立了古朝鲜。

▲

面具

知识链接 **《檀君神话》**据朝鲜古代典籍《三国遗事·纪异第二》载：朝鲜天王桓雄受父天神桓因之托，率三千人降到太伯山顶的一株神檀树下，建立“神市”，设置风伯、雨师、云师等官职。“时有一熊一虎，同穴而居。常祈于神雄，愿化为人。时神遗灵艾一注，蒜二十枚，曰：‘尔辈食之，不见日光百日，便得人形。’熊得而食之，忌三七日，熊得女身。虎不能忌，而不得人身。熊女者无与为婚，故每于檀树下，咒愿有孕。雄乃假化而婚之。孕生子。号曰檀君王俭。以唐高即位五十年庚寅，都平壤城，始称朝鲜。又移都白岳山阿斯达，又名弓忽山，又今弥达，御国一千五百年。”

《朝鲜族民间故事丛书》书影

檀君神话作为“建国神话”，以“桓因”这样一个凌驾于众神之上的天神下派其子桓雄到人间完成建立朝鲜国家的使命。桓雄下到人间时看到，“一熊一虎，同穴而居”，说明熊与虎确实是朝鲜族先民的图腾。神话和传说是古代民族图腾崇拜思想的主要载体和表现。朝鲜民族的崇虎习俗首先体现在神话中。

《朱蒙神话》《赫居世神话》《阏英神话》《金阏智神话》《昔脱解王神话》等神话传说则系卵生神话系列的氏族起源和朝鲜古代三国的建国神话。

朝鲜族民间故事反映社会生活的各个方面，内容广泛，种类繁多，归纳起来，大致可以分出惩恶扬善类道德故事、孝道故事、爱情故事，机智者以弱胜强的故事、寓言、幽默等几类，其中流传广泛的有：《春香传》《沈清传》《兴夫传》《兔子传》《蔷

知识链接

《春香传》是朝鲜民族家喻户晓的一部古典文学名著，作者不详，约成书于18世纪，是一部反映年轻男女爱情的小说，是朝鲜民族三大古典文学名著之一。被译成汉、英、法、俄、德、日等十几种文字出版。

《沈清传》是朝鲜民族三大古典文学名著之一。作者不详。约成书于18世纪，是一个孝女的故事。《沈清传》是一部和《春香传》齐名的作品。

《兴夫传》是朝鲜民族三大古典文学名著之一，又名《兴夫和诺夫》。作者不详。18世纪末期，在民间传说的基础上形成小说，“善有善报，恶有恶报”，是这部小说的中心内容。

《兔子传》是一篇作者和写作年代不详的古典小说，属于朝鲜王朝后期的说唱系列作品，是一篇将兔子、鳖等多种动物拟人化的寓言小说。《兔子传》又名《鳖主簿传》、《兔鳖歌》等等。

花红莲传》《红松与人参》《牧童和仙女》《青蛙三兄弟》《金先达故事》等。也有饱含着朝鲜族热爱乡土之特殊情感的地方传说。这些传说从内容看不单纯是讲风物，而是通过阐明本地山川、景物、植物、文化遗物、民间风俗的由来、名称、起源，表示对乡土的热爱、对英雄的尊敬和对丑恶势力的憎恨以及对美好品德的赞扬。今广为流传的有《金达莱》《凤仙花》《百日红》《海兰江》《龙井》《镜泊湖》《额米尔来钟》等。

新中国成立后，朝鲜族民间文学工作者在东北朝鲜族居住地区搜集整理了5000多篇民间故事，结集出版了《延边民间文学作品集》（朝鲜文）、《朝鲜族民间故事选》等20多部。其中，由郑吉云搜集整理的《年轻的大力士》《六兄弟》《百日红》等被选入《中国少数民族文学作品选》。1982年上海文艺出版社出版了《朝鲜族民间故事选》，第一次向其他民族的读者系统介绍了朝鲜族民间故事。1983年上海文艺出版社出版的《金德顺故事集》（裴永镇整理翻译），是我国首次用民间故事家本人的名字出版的专集。

朝鲜族老人黄龟渊是一位最会讲故事的能手，他讲述的朝鲜族民间故事1070余篇涵盖了神话、历史故事、抗日故事、民俗故事、笑话、格言、谚语、谜语、动植物故事等，妙趣横生，堪称朝鲜族传统民俗文化的百科全书。已被列入吉林省非物质文化遗产。

《黄龟渊民间故事全集》书影

文学创作

朝鲜族是历史上从朝鲜半岛迁入中国定居而形成的少数民族，从19世纪末迁入至今已有100多年的历史。在这100多年中，朝鲜族文学以朝鲜半岛传统文学为基础，在中国的政治、经济、文化生活等环境中，逐渐形成了既不同于朝鲜半岛文学，又区别于中国文学的独特的朝鲜族文学。

随着文化启蒙运动的发展，文学也发展起来，涌现出一批优秀的朝鲜族文人和作品，他们或用朝鲜文，或用汉文，执笔为戈，唱出了时代的强音。朝鲜族的文学创作，是从19世纪后半期开始出现的。早期作家有金泽荣、申采浩等。在抗日救亡时期，金昌杰、李旭等人的作品发挥了积极的作用。当代朝鲜族的主要作家，有李根全、金哲、金学铁、任晓远、金成辉、林元春等多人。

诗歌的发展最为迅速，硕果累累。

申柽(1879—1922)，朝鲜族诗人、教育家。原名申圭植，1911年自朝鲜到上海后加入同盟会，1912年加入“南社”，擅长五言、七言律诗，诗调慷慨激昂，很有魏晋风骨。著有《儿目泪》诗集收录140余首，表达了炽热的爱国之情。

李旭(1907—1984)，朝鲜族诗人，1924年发表第一个诗篇《生命的礼物》；1942年于《在满朝鲜人诗集》中发表诗作；1949年后出版诗集《北斗星》和《北陆的抒情》；之后诗集《故乡的人们》《延边之歌》《长白山下》《李旭诗集》和长篇叙事诗《风云记》陆续出版问世，其创作一直到1984年逝世才终止。

尹东柱(1917—1945)，朝鲜族诗人，18岁即发表《一支蜡烛》《没有明天》《生与死》等现代诗歌。其诗大部分收录在诗集《天、星、风与诗》中，最有代表性的作品有《等待黎明》《可怕的时刻》《十字街》《路》《出口成章》等，表现出对黑暗统治的愤恨之情，被人称为“闪烁在黑暗夜空里的一颗星”。

金成辉(1933—1987)，朝鲜族著名诗人，先后出版过抒情短诗集《百合花》《野菊花》《草坪》以及长篇叙事诗《说吧，长白山》《一棵青松》《在树荫下》《爱情属于祖国》等，在朝鲜族读者中很受欢迎。他的作品，内容丰富，感情真挚，颇具民族、时代气息。

较有影响的诗集，有金朝奎编辑的《在满朝鲜人诗集》，1942年艺文堂出版，汉文版，收录李鹤诚、金朝奎等朝鲜族诗人的53首现代诗，是新中国成立前出版的第一部朝鲜族诗人诗集，标志着朝鲜族现代诗歌创作已发展到相当高的水平。朝鲜文抒情诗集《飓风》由延边文化出版社出版，收录李旭、蔡泽龙等新中国成立前从事创作的老诗人和新中国成立后步入诗坛的15位青年诗人的23首诗歌，是新中国成立后出版的第一部朝鲜族诗集，在朝鲜族现代诗歌发展史上占有特殊地位。

金哲，当代朝鲜族诗人。原名金龙燮，生于日本下关。幼年时曾随父漂流于台湾及南洋一带。1945年中学毕业后，做过小学教师。1950年加入中国人民志愿军，在某文工团任编导，创作了《血红的日记》等诗作。1953年转业到《东北朝鲜人民报》工作，发表了《拔界石》等作品。1962年起，历任中国作家协会延边分会主席、延边文联主席、中国作家协会《民族文学》杂志主编等职务。金哲的主要作品，多收入《边疆的心》《东风万里》《黎明》《山乡之路》《晨星传》和《金哲诗选》等作品集中。

《中国朝鲜族文学史》书影

任晓远，当代朝鲜族诗人。原名任镐，笔名百川、光芒、采玉，生于朝鲜咸镜南道，幼年随父母漂泊，后到中国黑龙江省定居。青年时代起，做过小学教师、土改工作队员、编辑和记者。1956年到中国作家协会文学讲习所学习。后历任文学期刊《阿里郎》主编、延边文联副主席、中国作家协会延边分会主席等职务。1945年开始发表文学作品，代表性作品有诗集《金达莱》《啊，母亲的怀抱》《心灵的地平线》《长白拾翠》《人生在世》《海兰江的杜鹃 》和《遥远的情思》等。

小说的创作内容丰富，紧扣时代脉搏。

历史学家兼文学家申采浩一生论著颇多并发表了不少诗歌、小说和散文，其中短篇小说有《梦天》《百岁老僧话沧桑》《龙与龙的鏖战》等。此外，发表过抒情诗《思韩》《你的》《晨星》、汉文诗《秋夜述怀》《故国》《北就偶今》及随笔《大黑虎一夕谈》等。这些作品反映了中国20世纪20年代动荡不安的社会现实和忧国思想。

朝鲜族第一部小说集是1941年11月用朝鲜文出版的《出芽的大地》，收录有当时活跃在东北地区的朝鲜族作家全昌杰等人的短篇小说7篇。大部分作品以反映朝鲜族人民在黑暗社会中的悲惨命运和不屈的斗争为内容，深刻地烙上了时代的印记。

1954年延边人民出版社出版了朝鲜族第一部长篇小说《说吧，海兰江》（朝鲜族作家金学铁著），这篇小说对后来朝鲜族小说创作的发展起了一个重要的作用，它把许多壮烈动人的情节和社会背景联结成一个比较完整的历史整体画卷，为朝鲜族小说创作提供了优秀典范。

李根全，当代朝鲜族作家。原名李根赫，吉林舒兰人。小学毕业后即开始做工，1945年起做过武工队员和土改工作队队员，1948年到《吉林日报》工作，其后担任过《延边日报》总编辑、中国作家协会延边分会主席等职务。1951年开始文学活动，以小说为主要创作体裁。代表作有短篇小说《货车》、短篇小说集《果树开花的时候》和长篇小说《老虎崖》《苦难的年代》等。

林元春，当代朝鲜族作家，吉林延吉人，1960年毕业于延边大学语文系。1958年起发表文学作品。历任延边人民广播电台文艺部主任、延边文联创作员、中国作家协会延边分会副主席等职务。代表作有短篇小说《亲戚之间》《彩霞》和长篇小说《波涛上的爱情》等。

刺绣荷包

工艺美术

朝鲜族的文化遗产丰富多彩，在众多的物质文化遗产中，较具民族特色的是黄铜器皿、木盘、刺绣工艺品、青瓷及白瓷工艺品等。

刺绣和钩织

朝鲜族妇女善于刺绣和钩织。风格淡雅的朝鲜族刺绣多以山水、花鸟猛虎及“寿”“福”等字绣为内容绣在床上用品及围屏上。用白线或黑线钩织的朝鲜族坐垫、围屏及台布等钩织品图案精巧、雅致，令人喜爱。

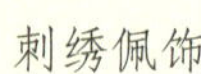

刺绣佩饰

不论是绣有长白山松林及猛虎的围屏，还是钩织有白鹤飞翔图案的台布，都会使人浮想起像朝阳一样喷薄美丽的朝鲜族人民的新生活。

十长生绣品

十长生绣品是朝鲜族物质文化遗产中具有民族文化特色的代表性遗产之一。十长生图案是以日、月、山、川、竹、松、龟、鹤、鹿、灵芝等10种代表长生不老的象征物组合而成的饰纹。十长生图案一般运用于绘画、雕刻和刺绣。十长生绘画主要适用于墙壁、窗户的装饰，而十长生雕刻则主要见之于文房四宝之上。最为常见的十长生图是绣品，它广泛运用于屏风、枕头、箸囊、被罩、衣罩等日常用品上。关于十长生图案有“日月常临照，山川不变移，竹松凌雪霰，龟鹤享期颐，白鹿形何洁，丹芝叶更奇，昌盛深有意”的说法。但是十长生图案中的代表长生不老的象征物，随着时代的变迁有所变化，现在传承下来的十长生图案中已经没有了月亮、翠竹和灵芝，代之以云彩、岩石和不老草。还有一些十长生绣品中的长生象征物超出10种以上，再添上莲花、葡萄、天鹅、桃等吉祥物绘制而成的。十长生绣品是蕴涵祈愿长寿之意的最具朝鲜族传统文化特色的珍品。

▲

十长生绣品

知识链接 **十长生图案中的象征意义** 十长生图案中的长生象征物都是朝鲜族先民原始信仰中的自然崇拜对象。在朝鲜族传统文化中，日和月象征永生与光明，山象征通天、守护神、生命力，水象征创造的源泉、生育、净化，松树象征守护神、辟邪、长生、节操，竹象征永生、辟邪、节操，龟象征神灵、长寿、预言者，鹤象征吉祥、长寿，鹿象征祥瑞、永生，灵芝与不老草象征长寿，云彩象征丰饶、造化、预示、不老长生，岩石象征生育、神灵、生命力，莲花象征丰饶、多产、洁净、生命之源，葡萄象征丰饶、多产，天鹅象征洁净、祥瑞，桃象征辟邪、神圣、长寿。

手工草编技艺

朝鲜族擅长手工草编技艺，且历史悠久。稻草手工艺品是以优质稻草为原料，经过精心挑选、水洗、浸泡、晒干之后完全用手工编织而成。此项工艺始于19世纪70年代，当时为求生存，朝鲜民族利用闲

◀ 草编工艺

置的稻草编织生活必需品和生产工具，流传至今。

▲

草鞋

朝鲜民族悠久的稻作农耕历史使稻作渗透到了朝鲜民族的社会生活和民族文化里。稻草犹如朝鲜民族稻草屋顶所象征的那样，成为了朝鲜民族文化不可分割的一部分。稻草与朝鲜民族的衣食住、生产、家禽、民俗、信仰有着密切的联系。朝鲜民族先民的房屋是由稻草做屋顶的草房，由于稻草特有的柔软性，经过两三年的稻草屋顶会有弧度，因此显示出优美的曲线美。此曲线美也体现在朝鲜民族的传统服装——韩服、舞蹈和音乐当中。朝鲜民族的衣文化也离不开稻草，衣文化中最具代表性，而且最具艺术价值的就是草鞋，除此之外还有下雨天穿的草衣。食文化中有用稻草作的鸡蛋筐，做朝鲜民族传统饮食——大酱时吊大酱饼块的草绳，还有放杂物的稻草簸箕等等。农业生产、家禽也离不开稻草，从放种子、镰刀、锄头、木块、鞋骨的草编的袋子到草绳、草袋，再到盖酱缸的草席，储存灰烬时用的草席等等。朝鲜民族不仅自己住草房，而且鸡、猪、牛、蜜蜂、蚕茧的住处也用稻草制作。

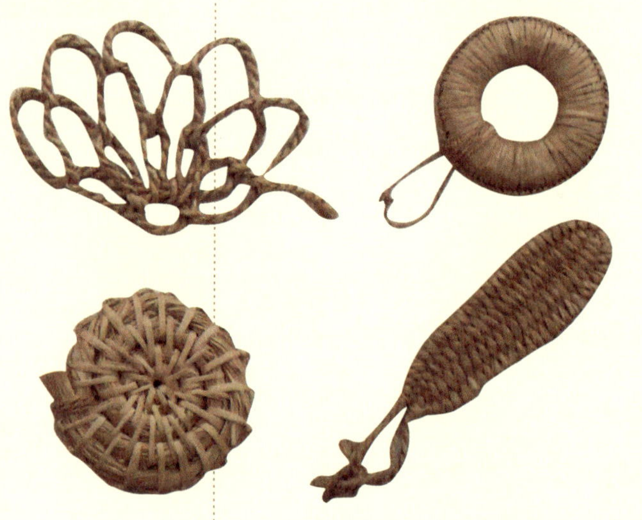

▲

草编工艺

朝鲜民族的民俗与信仰也离不开稻草。如正月十五到二月初进行的拔河比赛，拔河绳有20~30厘米粗，长30~40米，由公绳和母绳两股绳组成，然后进行拔河比赛，母绳获胜说明今年农业大丰收，因此公绳故意输给母绳的时候多。立禾杆也是一种常见的民俗，一般在正月十五立，二月初一拆除，是一种祈求丰收的仪礼。信仰中最典型的是禁绳，禁绳是往左边搓的草绳，一般在村子里进行祭祀仪式和孩子出生时使用。孩子刚出生时在大门上面或房门上面横挂禁绳，防止不净，危害孩子健康，一般在21天之后拆除。产妇生产时，婆婆会从稻草垛的最深处取一把又新鲜又嫩的稻草垫在其身下，使其顺利生产，因为朝鲜民族认为稻草有灵性可以帮助产妇顺产，这种稻草叫产神稻草。

延边的朝鲜族妇女李春延的稻草手工艺品编制技能已被列为吉林省级非物质文化遗产。

传媒与文化机构

报社

目前用朝鲜文发行的主要报纸有4种。《吉林朝鲜文报》创刊于1985年，是东北三省三家省级朝鲜文报纸中唯一的省级党报。开通有中国吉林网吉林朝鲜文报频道，向省内外特别是韩国、朝鲜的读者了解吉林提供了丰富的信息。《黑龙江新闻》创刊于1961年，是由中共黑龙江省委宣传部主管，黑龙江新闻社主办的面向朝鲜族和在华韩国人的朝鲜文字的党报。《辽宁朝鲜文报》创办于1958年，是由《辽宁日报》报业集团主办的面向全国朝鲜族的朝鲜文综合媒体，也是辽宁省唯一的少数民族文字公开刊物。《延边日报》创刊于1948年，是中共延边朝鲜族自治州委员会机关报，适合各阶层人士阅读的大型综合性报纸，是延边地区发行量大、辐射面广的权威性报纸。

朝鲜族群众在读《辽宁朝鲜文报》

出版社

用朝鲜文出版图书的出版社有6家。民族出版社成立于1953年，是国家级综合性出版社。民族出版社致力于传播一切有利于民族地区经济和社会发展的中外科学文化知识，不断丰富各民族的精神文化生活。用蒙古文、藏文、维吾尔文、哈萨克文、朝鲜文等民族文字出版社会科学和自然科学各门类图书、期刊和音像制品，是出版中国少数民族读物的权威机构。民族出版社朝鲜文编辑室以多媒体形式面向国内外展示中国朝鲜族的风貌，发掘和整理朝鲜族的文化遗产，弘扬朝鲜族优秀文化，为反映朝鲜族经济、文化艺术、学术研究成果等方面做出了巨大的贡献。

民族出版社与朝鲜外国文图书出版社就合作出版《中朝大词典》签署协议

辽宁民族出版社成立于1984年，是东北三省唯一一家出版朝鲜文、蒙古文和满文图书的综合性出版社。辽宁民族出版社朝鲜文编辑室以弘扬朝鲜族民族文化，挖掘整理朝鲜族文化遗产为宗旨，出版朝鲜文的民族语言、历史、文学、工具书以及民族志和高校教材等图书。先后与朝鲜、韩国等国家出版业进行版权转让、合作出版等图书贸易活动，开拓了海外图书市场。

《世界文学史》书影

黑龙江朝鲜民族出版社成立于1976年，是黑龙江省唯一一家编辑出版朝鲜文图书的综合性民族出版社。目前每年出版新书100种以上，包括政治、经济、语言文学、科技、少儿、文教、学术著作等。

《最新玉篇》书影

延边人民出版社成立于1951年，是一家集综合性、地方性、民族性为一体的民族出版社。每年出版政治，文学，科学，艺术，儿童，经济，教育等各类朝汉文字图书200多种，其中朝鲜文图书占85%以上，极大地满足了我国朝鲜族读者的精神文化需求，为繁荣延边朝鲜族自治州民族出版事业，促进延边朝鲜族自治州经济社会发展做出了重要贡献。

延边教育出版社成立于1947年，是编写和翻译出版全国朝鲜族中小学、中等师范、幼儿园教材、课外读物、工具书及文化教育图书的全国唯一的朝鲜文专业教育出版社。延边教育出版社每年出版图书1000余种，基本满足了朝鲜族基础教育的需求。

▲ 延边人民出版社出版的《中国朝鲜族史料全集》

延边大学出版社成立于1986年，是吉林省省属大学出版社之一。延边大学出版社立足本校，面向社会，出版一大批高校教材、教学参考书和参考资料、学术著作、工具书及古籍整理图书，尤其是致力于朝鲜文高校教材的出版，推动了我国高校民文教材的建设。

文学刊物

现在，用朝鲜文出版的文学刊物有4种：《延边文学》，延边朝鲜族自治州作家协会主办，1951年创刊，月刊；《道拉吉》，吉林市文化局主办、吉林市朝鲜族群众艺术馆承办，1977年创刊，双月刊；《长白山》，《吉林日报》媒体集团主办，1980年创刊，双月刊。《松花江》，哈尔滨市文化局主办、哈尔滨市朝鲜族群众艺术馆承办，1960年创刊，月刊。此外，朝鲜文出版的各种杂志有《艺术殿堂》《文化时代》《延边妇女》《大众科学》《少年儿童》《儿童文学》《中学生》《青年生活》《老年世界》《银河》《花丛》《中国朝鲜语文》等。

▲ 文学杂志

广播电视台

用朝鲜语播出节目的广播电台目前有4家，另外还有一家电视台。中央人民广播电台是中华人民共和国国家广播电台，是中国最重要的、最具有影响力的传媒之一，前身是于1940年在中国革命圣地延安诞生的第一座人民广播电台——延安新华广播电台，1949年正式定名为中央人民广播电台。中央人民广播电台是目前中国唯一覆盖全国的广播电台，第八套民族之声是民族语言广播节目，使用蒙、维、哈、朝4种少数民族语言播出。其中朝鲜语广播，其电波主要覆盖中国吉林、辽宁、黑龙江及首都北京等地。同时，与中国相邻的朝鲜、韩国也能收听到该频率的节目。

中国国际广播电台朝鲜语广播创办于1950年。在半个多世纪的发展历程中，朝鲜语广播以增进中国人民与朝鲜、韩国人民之间的友谊为己任，努力架起空中桥梁。朝鲜语节目通过短波、中波、网上广播等方式播出和传送，覆盖中国东北、朝鲜、韩国、日本等地区。

▲ 延边电视台节目

黑龙江人民广播电台成立于1945年，是全国最早创办的地方人民广播电台，已形成中波、调频、有线组成的广播网络，覆盖率已达90%以上。1993年以来，黑龙江人民广播电台开办了朝鲜语专业频道。

1946年吉林延吉新华广播电台朝鲜语节目正式开播，并于两年后更名为延边人民广播电台。延边人民广播电台朝鲜语节目不仅覆盖了延边朝鲜族自治州8个县市和省内外部分地区，还覆盖到周边国家，为延边朝鲜族自治州与周边国家和地区广泛开展经济文化交流架起了友谊的桥梁。

延边电视台成立于1977年，是中国唯一用朝、汉两种语言播出节目的地区级综合电视台。2006年延边电视台卫视频道正式开播，成为中国第一家地区级上星电视媒体。

歌舞团及艺术馆

朝鲜族规模最大的专业艺术表演团体是延边歌舞团。她诞生在战火纷飞的1946年，前身是华北太行山抗日根据地的朝鲜义勇军宣传队。延边歌舞团从建团开始，以继承、发展、繁荣朝鲜族民族文化艺术为宗旨，形成了具有浓郁民族特色和地方特色的艺术风格。 经过60多年的发展，现在已拥有器乐部、声乐部、舞蹈部、话剧部、舞美部等8个部室，拥有专业演职人员200多人。

延边歌舞团创作的舞蹈《金达莱》▼

长春市朝鲜族群众艺术馆成立于1953年，是长春市唯一的开展少数民族群众文化事业的公益性单位，是长春

地区以朝鲜族为主的各少数民族群众的文化活动中心、研究中心、培养中心和辅导中心。它的主要职能是辅导和组织指导群众文化活动，培养文化艺术人才；收集、整理、继承和保存民族民间传统文化遗产，研究群众文化理论；组织开展城乡演出活动和对内、对外文化艺术交流。此外，吉林省的吉林市、四平市、通化市、梅河口市、集安市、延吉市、图们市、珲春市、汪清市等都设有朝鲜族群众艺术馆。

沈阳市朝鲜族文化艺术馆

沈阳市朝鲜族文化艺术馆成立于1949年。主要负责沈阳市朝鲜族文化艺术的研究、创作、演出、指导、培训等工作。1998年被辽宁省评为一级文化馆，1997年被国家民委命名为全国民族文化工作的联络点，是国家民委命名的3个联络点之一。目前，朝鲜族文化艺术馆已成为沈阳市朝鲜族和其他少数民族及全省朝鲜族文化艺术活动的组织协调中心、研究中心、培训中心、文化信息交流中心及联络联谊中心。此外，辽宁省的大连市、营口市、丹东市、抚顺市、鞍山市等市也设有朝鲜族文化艺术馆。

哈尔滨市朝鲜民族艺术馆成立于1950年，其前身是朝鲜人民文化馆，1952年更名为哈尔滨市朝鲜族文化馆，1987年改为现名。目前，馆内设有安重根纪念展、朝鲜族民俗博物馆、朝鲜族百年史展等对外展览厅室；设有朝鲜族老年文化活动中心、朝鲜族图书馆、小剧场、传统礼仪教室、青少年艺术培训基地等公共活动场所，是一个集教育、培训、组织、展览于一体的群众文化活动中心。此外，黑龙江省牡丹江市也设立了朝鲜民族艺术馆。

혁명렬사기념비

第五章 山山金达莱，村村烈士碑

半个多世纪以来，朝鲜族人民在反抗日本帝国主义、国民党反动统治以及美帝国主义的斗争中，在保卫祖国的史册上，用鲜血谱写了英雄的诗篇。据延边朝鲜族自治州人民政府统计，政府登记在册的革命烈士就有14 740名，其中朝鲜族革命烈士占97%以上，延边朝鲜族中平均每20户里就有一名烈士。如今，延边的各城镇和乡村到处矗立着缅怀烈士的纪念碑，正如著名诗人贺敬之所道：“山山金达莱，村村烈士碑。”

安重根义士刺杀伊藤博文

周恩来曾说过："中日甲午战争后，中朝人民反对日本帝国主义侵略的斗争，是在20世纪初，安重根在哈尔滨刺杀伊藤博文开始的。"

安重根义士

1879年9月9日，安重根出生于朝鲜海州。1908年在图们江下游地区组建了300多人参加的抗日义兵队，李范允任义兵队总督，金斗星任队长，安重根任参谋长。抗日义兵队曾两次回到朝鲜咸镜北道庆兴郡一带袭击日本守备队。

1909年 3月 2日，安重根与义兵队的同志组织了12个人参加的秘密结社"断指会"，决定在三年内刺杀挑起中日甲午战争和吞并朝鲜半岛的元凶、曾四度出任日本首相的伊藤博文。如果刺杀失败，以自杀向国民谢罪。

同年9月，安重根通过《远东报》和《大东共报》得知，伊藤博文以视察"满洲"的名义到哈尔滨与俄国财政大臣戈果甫佐夫密商瓜分东北。安重根决定利用这次机会举行义举。

1909年10月22日，安重根、禹德淳、刘东夏到达哈尔滨，来到了埠头区列斯亚那街（今道里区森林街）28号俄籍建筑承包商金成白家住下。当晚安重根在《远东报》上看到这样一条消息："前韩国统监伊藤博文将乘东清铁路总局之专列，于25日晚11时从宽城子站（今长春火车站）出发前往哈尔滨，会见俄罗斯财政大臣戈果甫佐夫。"安重根推算，整个旅程要10小时40分，伊藤博文到达哈尔滨应该是26日上午9时左右。

10月25日，安重根同禹德淳研究决定，在蔡家沟站和哈尔滨两地行刺。禹德淳与曹道先在蔡家沟站见机行事，安重根则在哈尔滨站等伊藤博文。当晚，蔡家沟车站来了不少俄国宪兵、巡

▲

1909年10月26日上午9时15分发生的震惊中外的安重根义士刺杀伊藤博文事件

警，禹德淳和曹道先被困在半地下室内。10月26日早6时，载着伊藤博文的专列鸣笛驶过了蔡家沟站，禹、曹二人只能听着列车呼啸而过。

伊藤博文于1909年10月18日到达中国大连，21日参观了日俄战争时的旅顺203高地，24日参观“满铁”经营的抚顺煤矿，当日到达奉天（今沈阳市）。10月25日，伊藤博文到达宽城子站，晚11时，他登上了俄国为他特备的专列。

10月26日一大早，安重根检查了勃朗宁手枪，将8发弹头刻有“十”字的子弹上了膛。上午7时，安重根来到哈尔滨站，俄国官兵忙着做欢迎准备，同时也加强了警备。戒备虽严，可安重根还是随着日本的欢迎队伍进入了候车室，这是因为日本驻哈尔滨总领事川上俊彦事先告诉俄方，只对欧洲人、中国人查看通行证，日本人则一律放行。在俄国人眼里，安重根外貌装束与日本人无异。安重根就坐在候车室里等待。

9时整，俄国专列驶入站台。戈果甫佐夫登上列车，与伊藤博文见礼、寒暄，20分钟后，伊藤博文走下车来，在众人陪同下开始检阅。安重根此时起身走进站台，站在俄国仪仗队后面。人们的眼睛都注视着伊藤博文，只见他按顺序检阅俄国军乐队、仪仗队、各国领事团、中国仪仗队、日本欢迎队伍。检阅完毕，伊藤博文等人折返，距安重根5米左右，将要走过去时，安重根闪电般的抽出手枪，在敬持枪礼的俄国士兵的空当间，向伊藤博文射出了三发子弹。安重根怕打错了人，又向跟随伊藤的几个日本人开了四枪，日本驻哈尔滨总领事川上俊彦、伊藤博文随行秘书宫内大臣森泰二郎、南满铁路理事田中清次等人不同程度受伤。场面顿时大乱，俄国宪兵冲了过来，安重根抛掉手枪，用俄语高呼三声“高丽亚乌拉！（朝鲜万岁）”然后从容被捕。

伊藤博文身中三弹，被戈果甫佐夫和南满铁路总裁中村扶上了专列。随行的医生及赶来的俄日医生全力抢救，可内脏出血太多，伊藤博文还是死了。中午11时40分，俄国专列载着伊藤博文的尸体驶向大连。安重根则被带到火车站内的俄国宪兵派出所，简单审讯后，日方便来要人。晚上9时许，安重根被移交到秦家岗义州街27号（今南岗区花园街97号）的日本驻哈尔滨总领事馆，关在地下室里。安重根刺死伊藤两个小时后，禹德淳、曹道先在蔡家沟车站被捕。

1910年3月26日，年仅31岁的安重根在中国大连的旅顺监狱被日本关东都督府高等法院判处绞刑。安重根志士的义举，极大地鼓舞了中国和朝鲜人民的抗日斗志。

知识链接　安重根在义举前写的《丈夫歌》

丈夫处世兮，其志大矣。
时造英雄兮，英雄造时。
雄视天下兮，何日成业。
东风渐寒兮，壮士义热。
愤慨一去兮，必成目的。
鼠窃伊藤兮，岂肯比命。
岂度至此兮，事势固然。
同胞同胞兮，速成大业。
万岁万岁兮，大韩独立。
万岁万岁兮，大韩同胞。

安重根在牺牲前两天，给弟弟成根、恭根和洪神夫（法国人）留下遗言

1909年10月26日安重根在哈尔滨的义举，不但震惊了远东，也震惊了世界。全球报刊争相报道“伊藤博文今日在哈尔滨被一朝鲜人弹毙，刺客已被获”这一特大新闻。

上海的《民吁日报》《上海时报》《上海申报》、天津的《大公报》、香港的《华文日报》等多家中国报纸都对义举做了大量报道。《民吁日报》在一篇社论中评论道：“今日韩人飞此一弹……抵万人之哭诉，千篇之谏书”，“十年前，日本巧取豪夺，破我陆师，歼我海军……如今日本之视我已如俎上之肉，不快其口服不能自止”。

安重根题词碑

安重根殉国后，中国各界名人纷纷题词。孙中山的题词是：“功盖三韩名万国，生无百岁死千秋。弱国罪人强国相，纵然易地亦藤侯。”章太炎题写：“亚洲第一义侠。”梁启超作《秋风断藤曲》：“黄沙卷地风怒号，黑龙江外雪如刀，流血五步大事毕，狂笑一声山月高。”

“五四”前后，中国各地纷纷演出反映安重根义举的戏剧。周恩来和邓颖超在天津南开读书时便参加了《安重根》的演出，由邓颖超扮演安重根。20世纪30年代，田汉领导的南社剧团也演出过《安重根刺伊藤》。

“三一三”反日群众运动

20世纪初日俄战争后，日本加紧了对中国东北地区的侵略。面对日本的侵略，朝鲜族人民自觉地举起反抗的旗帜，以维护中国的主权与保卫自己的家园。1907年8月，日本在朝鲜族聚居的延边地区龙井设立了统监府间岛派出所，在13个重要村镇设置宪兵分遣所，监视和镇压当地朝鲜族人民，中国朝鲜族的大规模反日斗争随之展开。1909年，日本与清朝政府签订《间岛协约》，获得对延边地区的“领事裁判权”，并将“统监府派出所”改扩为日本驻“间岛总领事馆”，下设头道沟、局子街（延吉）、百草沟（汪清）、珲春4个领事分馆，还设立了5所警察署、14所警察

知识链接 **《间岛协约》** 1909年9月4日，清政府与日本签订了《图们江中朝边务条款》(《间岛协约》)，承认日本改筑安奉铁路、敷设营口铁路和抚顺、烟台的煤炭开采权，并为日本开放局子街、百草沟、头道沟与龙井街等埠地。同时日本帝国主义攫取了吉会（朝鲜会宁至吉林）铁路修筑权，并在延边取得了领事裁判权。

分署，并指挥18个朝鲜人居留民会，统治延边地区的朝鲜族老百姓，以便打击和镇压反日团体。

《间岛协约》激化了朝鲜族人民与日本帝国主义的矛盾，引发了朝鲜族人民的反抗。当时，朝鲜族中的一些进步人士联名上书吉林边务公署，申明“今垦岛之地乃中华之地，垦岛之民乃中华之民”，表明了他们反抗日本侵略的严正立场。

1919年，朝鲜爆发三一反日独立运动，受其影响，当年3月13日，在龙井也爆发了“三一三”反日群众运动。近3万名朝鲜族人民聚集在龙井街北的“瑞甸草地”，举行了声势浩大的反日集会和游行示威活动。在集会上，延吉教区牧师金永学宣读了以间岛居留全体朝鲜人名义起草的《独立宣言布告文》，引起了与会群众的热烈回应。接着，刘礼均、裴亨湜和黄志英（女）等人登台发言，慷慨陈词声援朝鲜人民的反日独立斗争，愤怒声讨日本帝国主义侵略延边地区的滔天罪行。大会结束后，群众队伍举行了游行示威，向间岛日本总领事馆进军。同时，在日本间岛普通学校上学的200余名学生，也冲破了日本校长和教员的压制，走出校门加入了反日游行队伍，日本校长不禁哀叹道：“十年教育，一朝成了泡影。”

当游行队伍经过间岛日本总领事馆的西大门附近时，东北军阀孟富德团的数十名军人和日本便衣警察企图阻挠游行队伍的前进，愤怒的游行群众冲了上来，军人悍然向群众开火，有19名反日志士壮烈牺牲，48人受伤，还有94人被捕。

“三一三”反日群众斗争虽然被日本侵略者和反动封建军阀所镇压，但它的反日斗争精神却传播到了整个延边和东北三省，点燃了反日斗争的烽火。在3月14日至5月1日期间，东北三省15个县的朝鲜族人民共举行了73次反日集会和游行，参加人数累计达105 850余名。

枫梧洞战役与青山里战役

1920年，朝鲜族抗日武装取得著名的“枫梧洞战役”和“青山里战役”的大捷，有力地打击了进犯延边地区、妄图“剿讨”朝鲜族抗日武装队伍的日本侵略军。

枫梧洞战役

枫梧洞战役是1920年6月4日至7日，朝鲜族抗日部队在延边的三屯子、后安山、高丽岭、枫梧洞等地与日本正规军进行的第一次较大战斗。

1921年在莫斯科克里姆林宫前的洪范图将军

1920年5月27日，洪范图率领的独立军与间岛国民会军联合后，与崔明禄领导的军务都督府一起整编各武装部队，成立北路督军府，崔明禄任督军府长，安武为副官，洪范图任北路第一军司令官。督军府本部设在原都督府所在地枫梧洞(今吉林省图们市石岘镇)。

1920年6月4日，活跃在枫梧洞、安山村、杰满洞一带的新民团部分队伍，渡过图们江到朝鲜江阳洞袭击日军宪兵哨所后，迅速返回三屯子。驻朝鲜南阳的日军中尉新美闻讯，立即率领19名日军宪兵、警察渡过图们江绕道到三屯子后山，向三屯子射击。反日部队迅速撤离。新美率领宪警追击反日部队。另外，驻朝鲜日军罗南第十九师团司令部得到新美中尉报告后，妄图借此一举“扫荡”延边地区的朝鲜族反日武装部队，便命令第七三联队安川少佐组织“越江追击队”，渡江“讨伐”反日部队。“越江追击队”于6月6日夜渡图们江，7日凌晨到达五户屯。

日军“越江追击队”途中先后在五户屯、高丽村等地，与反日部队遭遇，经过相互交战后继续追击反日部队，向枫梧洞进击。此时，在枫梧洞的洪范图和崔明禄得知日军进犯枫梧洞的消息后，先把村里的老百姓疏散到安全地方，并在枫梧洞上村南洞一带设伏。当时聚集在枫梧洞的反日部队共有300余名，伏击战由洪范图担任总指挥。到中午时分，日军的主力部队进入反日部队的埋伏圈。洪范图发出进攻的信号，埋伏在西山和东山两侧的反日部队向日军猛烈射击。霎时间，日军人仰马翻，伤亡惨重。在枫梧洞战役中，反日部队歼敌150余人，打伤数十人，缴获步枪60余支、机枪3挺和一些手枪，战斗以反日部队胜利告终。枫梧洞战斗传捷报，各地报纸连日报道，鼓舞了群众的反日斗志。

青山里战役

在枫梧洞战斗中遭到惨败后，日本侵略者见延边地区的反日部队日益壮大，便计划“剿讨”反日武装部队。为了出兵延边“讨伐”找借口，日军收买土匪，于1920年10月2日制造了中国土匪袭击珲春日本领事馆的“珲春事件”，并把“珲春事件”的责任转嫁给反日武装部队身上，以“保护日本人生命安全”为借口，动员2万余名“正规军”，对延边地区进行“大讨伐”，史称“庚申年大讨伐”。

知识链接 **“珲春事件”** 1920年9月，日本侵略者收买匪首“长江好”，在匪团里安插日本浪人充当匪参谋，策划袭击珲春县城。9月30日，匪首“镇东”“万顺”率党羽400余人袭击珲春荒沟驻军，抢劫弹药并绑架20余名士兵。10月2日凌晨4时，匪军团又从珲春县西二道营子袭击珲春县城，烧毁珲春日本领事馆，击毙11名日本人、6名朝鲜族，掠劫市街，焚烧商号6处后撤走，制造了“珲春事件”。

“珲春事件”发生后，日军从朝鲜会宁、南阳、训戎、稳城、庆原以及从俄罗斯经东宁、海林、宁安等地进犯延边，三面包抄延边地区的反日武装部队。日军所到之处，杀人、放火、劫掠，无恶不作，仅在延吉、和龙、汪清、珲春四县便制造了130次惨案。在此次“讨伐”中，惨遭侵略军杀害的百姓有3500余人，被捕5058人，2500栋民房和30余所私立学校被烧毁。

面对日本侵略者的残酷“讨伐”，延边的反日武装部队并没有被吓倒，而是给予坚决的反击。10月21日至26日，反日部队在和龙西部地区与日军在青山里白云坪、卧龙完流沟、鸭鸡沟等地进行了十余次战斗，史称“青山里战役”或“青山里大捷”。

在青山里战役中败阵而逃的日军

1920年10月21日，日军先头骑兵队向青山里进犯，反日武装部队第二联队立即转移到青山里北面的白云坪，分三个中队埋伏下来。正午，日军先头中队进入反日部队的埋伏圈，洪范图将军指挥部队从三面山上猛烈射击，消灭日军加纳骑兵联队队长及其官兵数百人，缴获重机枪两挺和数百支步枪等，取得辉煌战果。

青山里战役共消灭敌人近千人，沉重地打击了日本侵略军，使其“剿讨”计划遭到挫折。青山里战斗是朝鲜族反日部队击退日本侵略军，维护国家领土主权具有十分重要意义的反侵略斗争。

李红光与磐石抗日游击队

李红光（1910—1935），又名李弘海、李义山。1910年生于朝鲜京畿道龙仁郡。1926年随同父母迁居中国吉林省伊通县留沙嘴子屯。1930年，李红光加入了中国共产党。1931年，红光同志任中共双阳、伊通特支组织委员，后来被选为磐石中心县委委员。李红光同志积极参加党领导的反帝反封建的农民运动，成为南满地区农民运动的骨干。

1932年春，根据中共吉林省委和磐石中心县委的指示，李红光同志组建了一支抗日人民武装队伍——赤卫队，俗称“打狗队”，保卫党的机关的同时惩治亲日走狗的武装。赤卫队最初由7名朝鲜族青年组成，后来不断发展壮大，李红光任队长。1932年2

知识链接 **毛泽东主席对李红光同志的评价** 毛泽东主席于1938年2月在延安接见美国合众社记者王公达先生时说："有名的义勇军领袖杨靖宇、赵尚志、李红光等等，他们都是共产党员，他们的坚决抗日、艰苦奋斗的战绩是人所共知的。"毛泽东主席提到的李红光是朝鲜族抗日英雄，是东北人民革命军第一军第一师师长，是杨靖宇将军的亲密战友和最得力的助手，也是我党领导的最早的抗日游击队——南满游击队的主要创始人之一。他具有卓越的军事才干，素以勇敢善战、富于韬略著称，是东北抗日部队杰出的军事将领。

月，伪满军骑兵60多人抓走了20多名磐东的群众和干部。中共磐石县委组织了700多人的群众队伍，包围了伪满军本部三天三夜，终于要回了被捕人员。李红光同志参与了这次活动的领导工作。

1932年4月初，满洲省委军委书记杨林到磐石巡视，协助磐石中心县委开展反日群众斗争。1932年4月3日、5月1日、5月7日，他与李红光同志组织和领导了磐石蚂蟥河子各族人民的抗日暴动。特别是5月7日暴动，开始就有上千人参加，最后达到4 000人左右，波及双阳、伊通、磐石等三县。1932年5月，中共满洲省委派杨君武同志担任"磐石工农义勇军"政委，李红光继任队长。

李红光雕塑

1932年11月，中共满洲省委派杨靖宇同志到吉海铁路沿线巡视工作，整编了磐石游击队。队伍迅速扩大，成为各抗日军队的核心力量。1933年1月，杨靖宇同志正式任游击队政委，部队改编为中国工农红军第三十二军南满游击队，下设3个大队、1个教导队。李红光任教导队政委，朴翰宗和韩浩分别担任一、二大队队长，游击队发展到230余人，其中朝鲜族80余人。南满游击队活动在磐石、双阳、伊通、桦甸等广大地区开展游击战争，给予日本殖民统治以沉重的打击。

杨靖宇和李红光同志率领部队，粉碎了敌人的春季"围剿"，创立了以玻璃河套和红石砬子为中心的游击根据地。游击队正确执行了党的反日民族统一战线政策，联合抗日义勇军和

▲
红光中学

反日山林队攻打了磐石大兴川、伊通营城子等敌人重要据点，使驻守在该地的伪满军第五旅十三团的一营和二营七连全体哗变抗日。于是抗日队伍迅速扩大，使敌人大为震惊。

1933年7、8月间，南满游击队攻打了呼兰集场子。这次战斗对以后东北人民革命军第一军的发展有重要意义。此后，红光之名，威震南满，备受各抗日队伍和广大群众的赞扬。许多反日部队都主动要求和我游击队联合作战，李红光的名字令敌人闻之丧胆。

1933年9月18日，东北人民革命军第一军独立师成立，杨靖宇同志任师长兼政委，李红光同志任师参谋长。1934年11月，正式成立东北人民革命军第一军，下编两个师。李红光同志任第一师师长。第一师指战员纪律严明，作战勇敢。他们在红光这位骁勇战将的指挥下，越战越强，给敌人以沉重打击。为了扩大抗日影响，给敌人以更大打击，红光同志乘鸭绿江封冻期间，亲率百余骑兵驰过鸭绿江，分两次奇袭了日寇侵占的朝鲜界河城和朝鲜东兴城，这两次袭击沉重地打击了侵略者的狂妄气焰，大大振奋了抗日人民的斗志。

1935年4月，李红光同志在新宾蒿子沟附近，召开成立骑兵队的会议。随后，带领骑兵队转战新宾，并向本溪、凤城一带扩展。5月，他率领师部少年连、五团共二百多人向西出征，突然与二百多日军守备队和伪军不期而遇。激战了四个多

李红光将军诞辰100周年暨抚顺地区朝鲜族抗日将领研究学术会议

小时，红光同志在战斗中不幸胸部中弹负伤。部队派人把他送到新宾和桓仁交界处的黑瞎子望密营中，经抢救无效，光荣牺牲，年仅26岁。

李红光将军曾率领抗日勇士，抛头颅、洒热血，在东北各民族人民抗击日本帝国主义的侵略战争中做出了巨大的贡献。李红光就是成千上万的朝鲜族抗日英雄之一，他把年轻的生命献给了中华民族的解放事业。杨靖宇将军为纪念亲密战友，在他撰写的《东北抗日联军第一路军军歌》中，特意写进了李红光的英名："高悬在我们的天空中，普照着胜利军旗的红光，冲锋啊，我们的第一路军！"

抗日战争胜利后，中国人民解放军组建了以李红光名字命名

知识链接 **东北抗日联军第一路军军歌**

一、我们是东北抗日联军，创造出联合军的第一路军，乒乓的冲锋杀敌的缴械声，这就是革命胜利的保证。

二、正确的革命信条要遵守，官长士兵待遇都是平等，铁般的军纪风纪要服从，锻炼成无敌的革命铁军。

三、一切的抗日民众快奋起，中韩人民共同团结紧，夺回来所失的我祖国，解放了牛马亡国奴生活。

四、英勇的同志们，前进了！打击日本，推翻"满洲国"，这一民族的革命战争，完成弱小民族的解放运动。

五、高悬在我们的天空中，普照着胜利军旗的红光，冲锋啊，我们的第一路军！冲锋啊，我们的第一路军！

的“李红光支队”，在解放全中国的战争中“李红光支队”屡立战功。为永远纪念李红光将军，吉林省磐石市政府人民把李红光1925年居住过的明城镇七间房村更名为“红光村”。1988年11月25日，磐石市朝鲜族中学更名为“红光中学”，时任全国人大常委会委员长彭真亲笔为李红光塑像题词“抗日民族英雄李红光将军”及“红光中学”校名。

▲ 彭真委员长亲笔题词

东北抗日联军与朝鲜族

在抗日战争时期，朝鲜族人民不畏艰险，组织抗日游击队，坚决抗击日本侵略者。后来这些游击队发展壮大成为东北抗日联军最重要的组成部分，正如东北抗日联军主要领导周保中同志所说：“1932年所建立的坚强的东满游击队和1933年所建立的强大的磐石游击队、珠河游击队、密山游击队、汤原游击队、饶河游击队都是由革命的朝鲜同志所创建的。后来它们发展成为抗日联军第一、二、三、四、六、七军。第五军里也有不少优秀的朝鲜同志。”东北的抗日游击根据地最初也主要建立在朝鲜族聚居地区，根据地的朝鲜族人民不仅从人力、物资等方面全力支援抗日游击队，还与之并肩作战，有力地粉碎了日军接连不断的“讨伐”，成为东北抗日游击队伍的坚强后盾。

◀ 东北抗日联军在露营地合影

1937年七七事变爆发，中国人民的全面抗战开始了。为了配合全国抗战，东北抗日联军第一路军所属各军、师，在中共南满省委统一领导下，分别出击，互相配合，打击敌人。1937年初，东北抗日联军第二军师第五师第五团（大部分为朝鲜族战士）被改编为第二军独立旅。北满各抗日联军队伍中的很多朝鲜族战士和其他各族战士一起，不仅配合全国抗战，开展游击战争，粉碎日伪“讨伐”，而且还主动出击，破坏敌军设施，开辟新游击区，坚持抗日游击战争。1936年到1937年，东北抗日联军与日军交战1890多次，消灭了大量日伪军警。

日本帝国主义为了巩固侵略中国的后方基地东北，向东北地区大量增兵，妄图消灭不断发展壮大的东北抗日联军。为此，1938年日本关东军由1934年的30万人增加到50万人，同时大量调遣伪军警察部队，继续推行其殖民统治，进行灭绝人性的大扫荡，对东北抗日联军活动的地区实行严密的经济封锁。

1938年上半年，东北抗日联军第一军胜利地粉碎了日伪军讨伐，但长白山游击根据地遭到破坏，许多优秀东北抗日联军指战员英勇牺牲，其中包括许多朝鲜族。东北抗日联军在中国共产党的领导下，依靠各族人民，浴血奋战，开辟了新游击区，沉重地打击了日本帝国主义的殖民统治，牵制了向关内进攻的大批日军兵力，有力配合了全国抗战。

1938年下半年开始，中国人民的抗日战争进入了相持阶段。1938年冬，日军以7个步兵师和3个混成旅团，配备装甲部队和飞机进行三江省大讨伐。到1941年，日本关东军由1938年的50万增加到70万，东北人民的抗日斗争进入了极其艰苦的阶段。朝鲜族战士和各族抗联战士一起，在共产党的领导下，团结一致，不断粉碎敌人的进攻。

英烈辈出

1938年7月，东北抗日联军第一路军编成三个方面军和一个警卫旅。8月，警卫旅在一团政委黄海峰和三团团长朴先锋等直接指挥下，在辑安县长岗进行伏击战，击毙日本指挥官，歼灭号称“剿匪之花”的索玉山旅四十一团和三十二团残部。10月，三团团长朴先锋在临江县里岔沟为掩护一路军总部突围，指挥全团战士击退了敌人数次冲锋，朴先锋在战斗中英勇献身。

密营中的抗联战士

1938年8月，一路军总部决定将二军四、五两个师分编为第一路军第三方面军，下辖十三、十四、十五三个团，其中朝鲜族战士占三分之二。队伍整编后，攻打安图县大沙河。在这次激战中，朝鲜族抗日女将军许成淑为掩护部队壮烈牺牲。大沙河战斗中，抗联部队击毙了所有日军，缴获机枪7挺、步枪200多支和大批军用物资。之后，三方面军又在寒葱岭击毙100多名日军，缴获一批重机枪及许多枪支弹药和粮食等。抗联第一路军中，也有许多朝鲜族战士为中华民族的解放而流血牺牲。

密营中的抗联战士

北满抗联部队中的朝鲜族战士，在吉东、北满省委的领导下，与其他各族战士一起，不怕艰难险阻，坚持抗战。1938年10月，抗联二路军五军妇女团，随五军一师回到牡丹江支流乌斯浑河畔。在艰苦的征战中，妇女团大部分人牺牲，只剩下指导员冷云为首的8名女战士，其中包括朝鲜族女共产党员安福顺和李凤善。她们被一百多敌人包围后，宁死不屈，毅然跳入翻滚的乌斯浑河。“八女投江”的英雄壮举，激励着各族人民英勇战斗。

八女投江

抗日斗争中，各民族互相支持，互相掩护，涌现了许多英雄事迹。1939年，抗日联军10名朝鲜族伤员在临江一个密林养伤时，经常从一位60多岁汉族老大爷那里得到食品，有一次老大爷为伤员磨玉米面时被敌人发现，他在酷刑下始终坚贞不屈，没有吐露半点有关抗联的情况，用自己的生命保护了朝鲜族战士。再如，时任中共东满特委书记的童长荣同志带重病指挥战斗时被敌人发现，当时童长荣病重不能行走，护理他的崔今淑（朝鲜族）不肯自己走，背着童长荣边打边转移，最后弹尽力竭，二人共同英勇就义。

关内抗战

东北抗日联军在东北浴血抗战的同时，不少朝鲜族革命者在关内与日寇作战。

1934年10月，中央红军主力为北上抗日长征时，中央苏区30多名朝鲜族战士参加了长征。当时任中央军委干部团参谋长的杨林，于1935年末跟随党中央胜利地到达了陕北革命根据地。参加长征的30多名朝鲜族战士中只有杨林和武亭两人到达陕北革命根据地，其余的人在长征途中光荣地牺牲了。

朝鲜义勇军战士在书写抗日标语

不屈的共产主义战士李铁夫在天津等地发动群众开展反日斗争。1936年任中共中山大学党支部书记的陈光华等30多名朝鲜族战士，在保卫太行山抗日根据地的斗争中壮烈牺牲。1934年任中共冀东特委组织部长兼中共兰中地委书记的周文彬率部先后开辟了丰润、兰县、天安游击区。1944年10月，在丰润县突围中英勇牺牲。

金学武、胡维伯、朱德海等许多朝鲜族战士在八路军、新四军里做领导工作。他们率领部队在晋察冀、晋东南、晋西北、太行山、太岳区、山东、苏北等地区粉碎了日本侵略军的大扫荡。其中，金学武、胡维伯、王贤淳、文明哲等人在战斗中光荣牺牲。

1945年8月8日，苏联对日宣战。八路军和东北抗日联军紧密配合苏联红军与日本侵略军最后决战，迫使日本帝国主义于8月15日无条件投降，9月3日在投降书上正式签字。至此，历时八年的中国人民抗日战争胜利结束，东北人民浴血奋战14年的抗日斗争取得了最后胜利。在这场艰苦的斗争中，朝鲜族人民同各族人民紧密团结在一起，与日本侵略者进行了殊死的斗争，用鲜血和生命谱写了光辉灿烂的英雄史诗。

在抗日战争中，各族人民付出了巨大代价，仅在延边地区抗日烈士就有1781人，其中朝鲜族就有1713人，占绝大多数。朝鲜族人民为取得抗日战争的最后胜利做出了重大贡献。

解放战争中的朝鲜族

解放战争时期，朝鲜族人民在中国共产党的领导下，积极投身于新中国的解放事业。1946年6月，蒋介石悍然撕毁“停战协定”，发动全面内战，占领四平、长春等地后，又向华东、华北大举进攻。10月，再次对东北解放区发动大规模的进攻。东北解放区军民迎头痛击国民党军队的进攻，延边警备旅主力在蛟河、拉法和新站一线粉碎了敌人的战略进攻，保卫了东满根据地。抗日战争胜利后，党中央派遣2万余名干部和十几万大军挺进东北，与东北抗日联军联合扫清敌伪残余势力，发动各族人民筹建民主政权。1945年9月下旬，成立中共延边委员会，领导延边的各项工作。同时，以东北抗联部队为骨干，组建了延边警备司令部，保卫人民的生命财产。

哈尔滨、牡丹江的朝鲜族人民踊跃参军，保卫胜利果实。1945年11月，宾县的吉黑保安总队朝鲜独立大队改编为朝鲜义勇军第三支队，后改编为松花江军区第八团，朱德海任政委。延寿、五常、尚志、绥化等朝鲜族聚居地区，先后成立县武装大队和地区武装中队。海林、宁安、鸡西、密山、牡丹江等地以朝鲜族青年为骨干成立了人民自卫军，后改编为牡丹江军区二支队。清原、柳河、通化、新宾、桓仁等县的朝鲜族青年，在从关内派来的义勇军的协助下，在沈阳建立了义勇军第一支队，后为纪念抗日英雄李红光改名为“李红光支队”。吉林、桦甸等地朝鲜族青年建立了义勇军第七支队，并在桦甸建立军政学校培养朝鲜族干部。日本帝国主义投降后，东北朝鲜族居住地区的形势非常复杂。国民党反动派组织反革命武装，进行猖狂的反革命活动。他们还挑拨民族关系，派遣特务，网罗日伪残余势力，组织土匪武装，进行破坏活动。

1945年，中共延边地委成立后，选举产生了延边政务委员会，并且设立了吉林省延边行政督察专员公署，制定了十大施政方针。其要点是：彻底肃清日伪残余和土匪；实行民主政治、发展生产，减轻人民负担；废除奴化教育，实行新民主主义文化，实行民主平等和民族团结等。

这个时期，朝鲜族人民一方面积极响应党的号召，建立巩固了东满、南满根据地，同时还在根据地开展了热火朝天的土地改革运动，积极支援解放战争。另一方面，朝鲜族聚居地区掀起参军热潮，出现许多送子、送夫参军，兄弟姐妹争相报名参军的感人场面。据统计，当时东北解放区参军的朝鲜族青壮年共有62 924名，占朝鲜族人口的5%；延边地区有22.2万名青壮年和1.9万多辆大车组成担架队和运输队支援前线。他们冒着生命危险，为新中国解放贡献了自己的力量。

朝鲜族战士被编入东北民主联军第十纵队二十八、二十九、三十师，并在延边、牡丹江、通化、哈尔滨和吉林地区组建了以朝鲜族为主的东北军区直属三个独立师。这些部队后来成为中国人民解放军第四野战军的主力部队，参加过三下江南、四保临江战役，四平保卫战和攻坚战，解放吉林和长春的战役、辽沈战役、平津战役，还有的激战中南，一直打到广西、海南岛。他们英勇善战，顽强杀敌，涌现了许多战斗英雄和战斗模范集体，为人民解放事业谱写了可歌可泣的光辉篇章。

知识链接 **三下江南、四保临江战役** 1946年12月至1947年4月，在第三次国内革命战争中，人民解放军东北民主联军为保卫南满根据地，在安东省（今吉林省南部、辽宁省东部地区）临江、通化地区和松花江以南（江南）、长春、吉林以北地区对国民革命军进行的防御和进攻相结合的作战。历时3个半月，民主联军南满、北满部队密切配合，东满、西满部队主动出击，共歼灭国民党军4万余人，粉碎了国民党“南攻北守、先南后北”的战略计划，保卫了南满根据地。

朝鲜族指战员较多的是东北野战军第十纵队二十八、二十九和三十师，在1948年10月的黑山阻击战中，同兄弟部队配合，以四个师兵力在黑山、大虎山一线钳制从沈阳援救锦州的廖耀湘兵团五个军十二个师的兵力，奋战三天三夜，堵截敌机械化大兵团南窜，保障了我主力部队解放锦州。

朝鲜族人民的优秀儿女在党的领导与培养下，发扬大无畏的革命精神和英雄气概，从松花江畔转战到海南岛，历经十几个省，行程数万里，与其他各族战士一道，歼灭了大陆上的蒋介石军队，赢得了各族人民的衷心爱戴。在解放祖国的伟大战斗中，有3550多名朝鲜族指战员光荣牺牲，其中吉林省有2262人，原松江省有521

人，原辽东省有264人。

革命烈士纪念碑

在解放战争中，朝鲜族人民积极参加战勤工作。1947年至1948年，延边有36 938人次参加战勤工作，动员各种车辆6428车次。原松江省动员朝鲜族12 000余人参加战勤工作。他们跟随部队南征北战，冒着枪林弹雨抢救伤员，运送粮食、弹药，修铁路，筑工事，出色地完成了任务。延边有37个集体和722人立功，19个集体和1582人被选为模范。在艰苦的战勤工作中，不少朝鲜族优秀儿女献出了宝贵的生命。后方的朝鲜族人民也同各兄弟民族一道，从人力、物力等各方面积极支援前线。

在四年解放战争期间，朝鲜族人民在党的领导下，与各族人民一道，为解放全国，缔造伟大的中华人民共和国做出了应有的贡献。1949年9月21日，在北京召开的中国人民政治协商会议第一届全国委员会第一次会议上，朱德海同志代表朝鲜族人民参加了大会。10月1日，毛泽东主席代表全国各族人民向全世界庄严宣告了中华人民共和国的诞生。从此朝鲜族人民作为祖国各民族大家庭中光荣的成员，骄傲地生活在祖国的大地上，迈上了社会主义的康庄大道。

半个世纪以来，朝鲜族英雄儿女在中国共产党的领导下，无论是在抗日战争还是在解放战争中，或是在抗美援朝战争中，英勇奋战，不惜牺牲，谱写了无数可歌可泣的壮美诗篇。据延边朝鲜族自治州政府统计，政府登记在册的革命烈士就有14 740名，其中朝鲜族革命烈士占97%以上，延边朝鲜族中平均20户里就有一名烈士。如今，延边的各城镇和乡村到处矗立着缅怀烈士的纪念碑，正如著名诗人贺敬之所道：“山山金达莱，村村烈士碑。”

第六章 民族区域自治

中国的民族政策是根据中国多民族的基本国情制定的促进少数民族发展和调解民族关系的政策。在一个多民族的国家中，民族问题是社会问题的重要部分，是关系到国家命运和前途的大问题。民族问题是影响各民族人民团结的因素，也是影响多民族社会稳定的因素，又是影响社会发展的因素，更是影响国家完整和统一的因素。民族区域自治是我国解决民族问题的基本政策，也是我国三大基本政治制度之一。

人口与分布

据我国2000年第五次全国人口普查统计资料，朝鲜族人口为1 923 842人，主要分布在吉林、黑龙江、辽宁三省的松花江、辽河、浑河、图们江、鸭绿江、牡丹江流域。其中，吉林省的朝鲜族人口最多，为1 145 688人，黑龙江省为388 458人，辽宁省为241 052人。其余148 000多朝鲜族散居于山东省、内蒙古自治区、北京市、河北省、天津市等地。

与1990年第四次全国人口普查统计相比，吉林省、黑龙江省、内蒙古自治区的朝鲜族人口各减少了37 879人、65 633人和314人，相反其他省、市的朝鲜族人口都有所增加。增加最多是山东省，十年来朝鲜族人口增加了24 433人。这是随着改革开

一眼看三国的防川

放的深入，越来越多的朝鲜族农民离开自己的故土，进入到京津地区、黄河下游地区、长江下游地区、珠江三角洲地区的大城市打工或从事餐饮、旅游及制造、贸易等行业的经济活动的结果。

延边朝鲜族自治州全州户籍总人口为218.88万人，其中朝鲜族人口80.6万人，占总人口的36.8%。

▲

松茸

知识链接

根据2000年第五次全国人口普查统计，朝鲜族的详细分布情况如下：

朝鲜族人口在100万以上的省有吉林省，居住在吉林省的朝鲜族有1 145 688人。

朝鲜族人口在10万~100万人之间的省有黑龙江、辽宁两省，居住在黑龙江省的朝鲜族有388 458人，而居住在辽宁省的朝鲜族有241 052人。

朝鲜族人口在1万~10万人之间的省、市、自治区有山东、内蒙古、北京、河北、天津、广东等。居住在山东省的朝鲜族有27 795人；居住在内蒙古自治区的朝鲜族有22 173人；居住在北京市的朝鲜族有20 369人；居住在河北省的朝鲜族有11 783人；居住在天津市的朝鲜族有11 041人；居住在广东省的朝鲜族有10 463人。

朝鲜族人口在1000人~1万人之间的省、市、自治区依次有上海市（5120人）、江苏省（5048人）、河南省（4312人）、四川省（3137人）、湖北省（2949人）、湖南省（2693人）、安徽省（2660人）、广西壮族自治区（2008人）、山西省（1813人）、福建省（1785人）、浙江省（1767人）、江西省（1703人）、云南省（1693人）、陕西省（1620人）、甘肃省（1565人）、新疆维吾尔自治区（1463人）、贵州省（1192人）、重庆市（1044人）。而海南省（786人）、青海省（453人）、宁夏回族自治区（472人）、西藏自治区（51人）等地区的朝鲜族人口不足1000人。

延边朝鲜族自治州

延边朝鲜族自治州位于吉林省东部，幅员4.27万平方公里，约占吉林省总面积的四分之一。自1952年9月3日成立以来，连续四次被国务院评为“全国民族团结进步模范集体”。全州下辖延吉、图们、敦化、珲春、龙井、和龙6市和汪清、安图2县，首府为延吉市。

地理位置　延边地处中俄朝三国交界，东与俄罗斯滨海边疆

延边朝鲜族自治州人民政府

区接壤，南隔图们江与朝鲜咸境北道、两江道毗邻，濒临日本海，与韩日相望。边境线长达768.5公里，其中中朝522.5公里，中俄246公里。有5个边境县市，18个边境乡镇，10处对外开放口岸，年过货能力610万吨，过客能力290万人次。是中国东北沟通内外的重要“窗口”，也是东北亚区域经济、人口、地理三个重心的交汇点，是吉林省对外开放开发和对外经贸的最前沿，是国内企业进军俄、朝的重要桥头堡，区位独特，优势明显，发展潜力巨大。

地名由来　延边地名源于延吉。据说，明代时人们把延吉叫作“叶吉”，按女真语有“山羊”之意。一说由于这个地方是盆地，长年有烟雾笼罩，故称“烟集岗”。延吉即“烟集”的谐音。清末民初曾使用“延珲诸边”“延吉区域”等多种称谓，后来逐渐启用“延边”之称。最早见于文献的是1913年出版的《吉林地志》，记有“论大陆交通，东南一面复当延边之冲”。1920年前后，出现“延边”一词。由于地处三国交界，又归延吉边务公署管辖，故称之为延边。1929年出版的《中国民族志》更明确记载：“东北边疆有延边之称。延边者吉林延吉道之边疆。”

建制沿革　从史书的诸多记载可知，在19世纪中叶以前潜越边界的朝鲜人，无论何种原因，一经发现，皆被遣还回国，朝鲜大多将其处以重刑。当然，亦有越江后藏匿起来的。留在中国境内的朝鲜人皆剃发易服，被汉、满民族所同化。1987年，有人对延边各县市进行过朝鲜族迁入时间的专门调查，结果证实，近代最早迁入延边的朝鲜族皆在1850年前后，没有发现1850年之前迁来定居的例子。因此，中国朝鲜族的历史应从19世纪后半期算起，而19世纪前半期朝鲜族的迁入，皆应视朝鲜移民史或中朝关系史。

1952年9月3日，在中国共产党的民族政策的光辉照耀下，延边朝鲜民族自治区正式成立，从而朝鲜族多年来的夙愿，终于在中国共产党领导下的新中国变成了现实。1955年12月召开的延边朝鲜族自治州第一届人民代表大会第二次会议，根据1954年9月颁布的《中华人民共和国宪法》规定，将延边朝鲜民族自治区改称为延边朝鲜族自治州。总之，百余年来一直遭受民族压迫的朝鲜族人民终于作为中国少数民族的一员，成了自治地方的主体民族，享有当家做主的权利，真正成为国家的主人。

人口民族　延边朝鲜族自治州是我国少数民族之一朝鲜族聚居的自治地方，是我国朝鲜族人口最多的地方。全州总人口217.7万人，其中朝鲜族人口82万人，占37.7%，汉族占59.29%，其他少数民族包括满族和回族等占3.01%。

发展状况　边疆近海，区位独特。经过多年的建设，延边朝鲜族自治州已初步形成了公路、铁路、航空、海运相互衔接、沟通内外的立体交通网络。长珲高速公路、长图铁路、东北东部铁路通道等重要交通干线横贯东西，连通南北。州内8县市均有高等级公路相连，与俄、朝两国实现铁路、公路对接，域内连接省会城市的吉珲铁路客运专线已经开工建设，开通了长春经珲春至符拉迪沃斯托克客运班线。海运方面，开通了珲春经朝鲜罗津至韩国釜山的运输航线、珲春—俄罗斯扎鲁比诺—日本新潟—韩国束草四国联运航线成功试航、珲春经朝鲜罗津至我国东南沿海的内贸货物跨境运输通道获批。航空方面，延吉机场开通了至北京、上海、广州等多条国内航线和飞往韩国首尔、清州的国际航线，成功对接经韩国首尔至日本的空中航线，中俄两国民航部门已批准延吉至符拉迪沃斯托克的空中航线。

物产丰饶，资源富集。延边朝鲜族自治州坐落在闻名世界的长白山北麓，境内有野生动物367种，野生植物2460多种，其中药用植物800多种，盛产被誉为“东北三宝”的人参、鹿茸、貂皮。其中参茸产量居世界第一。延边朝鲜族自治州现有人参（园参）留存面积6 300公顷，年产鲜人参1.2万吨，占吉林省一半以上。此外，大米、黄牛、食用菌、烟叶、蜂蜜、五味子、苹果梨等特色产品驰

▲

舞蹈《摘苹果梨的季节》

名中外。苹果梨种植面积4 700公顷，是亚洲最大的苹果梨生产基地。2002年12月，延边朝鲜族自治州苹果梨受到国家地理标志产品保护。延朝鲜族自治州境内有大小河流487条，水能蕴藏量141万千瓦。其中矿泉水资源是我国少有的饮用天然矿泉水集中分布区之一，品质被国际权威机构确认为世界顶级矿泉水，与欧洲阿尔卑斯山和俄罗斯高加索山并列为世界三大矿泉水产地，仅二道白河地区日出水量就达12万立方米，开发潜力巨大。州内已探明90多种金属、非金属矿产，其中煤炭、油页岩、石灰石、黄金、铁、钨、钼等储量巨大。延边素有“长白林海”之称，全州林业总经营面积406万公顷，有林地面积353.6万公顷，活立木蓄积量3.9亿立方米。延边朝鲜族自治州旅游资源丰富，长白山作为中国十大名山之一，气势雄伟，风光奇特，景色宜人，是闻名中外的旅游胜地；“鸡鸣闻三国，犬吠惊三疆”的独特边境风貌，更是令人流连忘返。

生态优良，民风淳朴。长白山保存了完好的原始生态。延边朝鲜族自治州域内有各级各类自然保护区9个，森林覆盖率80.2%。气候温和湿润，空气清新，冬暖夏凉，四季分明，是吉林省乃至全国公认的“天然氧吧”和“生态后花园”。延边朝鲜族自治州民风淳厚，朝鲜族能歌善舞，尊老爱幼，注重礼仪，崇文重教，各族群众热情好客，素有“礼仪之乡”“歌舞之乡”“教育之乡”“足球之乡”的美誉。全州每万人中具有大学以上文化程度的有594人，是全国平均水平的1.7倍。延边大学始建于1949年，是民族地区中率先进入国家“211工程”的地方性综合大学。延边朝鲜族自治州非常重视体育事业的发展，在秋千、跳绳、摔跤、滑冰等项目上颇具优势，是全国唯一拥有甲级足球队的少数民族自治州。2009年，中国朝鲜族农乐舞入选联合国《人类非物质文化遗产代表作名录》，开创了我国舞蹈类项目成功申遗的先河。

政策优惠，产业兴旺。延边朝鲜族自治州是国内同时享受民族区域自治政策、西部大开发政策、振兴东北老工业基地政策的唯一地区，是长吉图开发开放先导区的“窗口”、“前沿”和国家加工贸易梯度转移重点承接地。目前，延边朝鲜族自治州已初步形成了食品及卷烟、能源矿产、林产、旅游、医药五大支柱产业，以及建材、纺织服装等优势产业。培育并发展了一批在全国具有重要影响力的知名企业：东北最大的卷烟生产企业——吉林烟草工业有限公司，2010年为延边创税32亿元，企业商标“长白山”为中国驰名商标，其主打产品“长白山”低焦油卷烟是目前国内同行业技术领先产品；全国中药十强企业之一吉林敖东集团、全国能源产业龙头企业中国大唐电力集团所属大唐珲春发电厂、全国黄金生产龙头企业福建紫金矿业所属珲春紫金矿业，每年都为延边朝鲜族自治州创税均超亿元。

延边特产苹果梨

开发开放，潜力巨大。改革开放以来，延边朝鲜族自治州每年都有大批人员赴日本、韩国以及欧美国家劳务。“十一五”期间，全州涉外劳务收入累计超过40亿美元，年均8亿多美元。延边朝鲜族自治州外向型经济蓬勃发展，吸引了25个国家和地区的810多家外资企业在延边置业发展。同时，全州已有几十家企业在俄罗斯和朝鲜投资建厂，涉及食品、卷烟、服装、水产、木制品加工等多个产业和领域。2010年，延吉高新技术开发区升格为国家级高新技术产业开发区。全年实现外贸进出口总额15.5亿美元，增长15.2%。

2010年，全州实现地区生产总值533.6亿元，全社会固定资产投资完成739.8亿元，规模以上工业完成增加值210.1亿元，社会消费品零售总额257.7亿元，城镇居民人均可支配收入14 780元，农民人均纯收入5736元，主要经济指标高于全国、全省平均水平。

▲

美丽的延吉

延吉市

延吉市位于吉林省东部，延边朝鲜族自治州中部，长白山脉北麓，全市土地面积1748.3平方公里。

延吉市是延边朝鲜族自治州首府所在地，现下辖河南街道、建工街道、进学街道、北山街道、新兴街道、公园街道等6个街道61个社区和小营镇、依兰镇、三道湾镇、朝阳川镇等4镇54个行政村。

2009年末全市总人口50.38万人，其中非农业人口为43.11万人；城区人口41.3万人。全市人口密度为288人/平方公里。延吉是多民族聚居的城市，朝鲜族人口占总人口的57.9%，汉族人口占39.7%，还有满、回、蒙古等少数民族。

延吉历史悠久，据已发掘的新石器时代出土文物及两千年前的《汉书》中记载，早在新石器时代，就有人类在这块土地上繁衍生息。唐朝及以前，延吉曾先后属渤海国、高句丽王朝辖地。元、明时代，延吉地区先后属辽阳行省开元路，努儿干都司布尔哈图等卫所。至康熙十六年（1677），清朝借“长白山一带为先祖龙兴之地”之名，将兴京以东，伊通州以南，图们江以北划为禁山围场，封禁长达200年之久。19世纪末，朝鲜及我国山东、

河北一带遭大灾，始有人冒禁闯入封禁区。光绪七年（1881），灾民大批迁入，清朝遂废除封禁令，在南岗设立招垦局。光绪二十八年（1902），随着人口日增，清朝在局子街设延吉厅。宣统元年（1909），吉林东南路兵备道台公署移住局子街，延吉厅升为延吉府。1912年改为延吉县。东北沦陷时期，延吉沦落于日寇铁蹄下，为伪满“间岛省省会”。解放战争时期，吉林省政府、延边行政督察专员公署等行政机构曾设在延吉。1952年9月，成立延边朝鲜民族自治区，后改为延边朝鲜族自治州，延吉亦是州府所在地。1953年5月，延吉从延吉县划出成为县级市，1985年1月，国务院批准延吉市为全国甲级开放城市。

延吉市是一个以工业、商贸、旅游业为主的具有朝鲜族民族特色的边疆开放城市。延吉素有“歌舞之乡”之称；延吉是美食、购物者的天堂，美味的狗肉火锅、“金达莱冷面”、炭火自助烧烤、打糕咸菜等风味让人胃口大开，日韩商品、民族物饰让人流连忘返；延吉还是中国朝鲜族聚居的城市，优美淳厚、色彩斑斓、且源远流长的中国朝鲜族民俗文化和民俗饮食，更是构成一道别样的风景，享誉中外，被评为中国朝鲜族食品基地和中国朝鲜族用品基地。

延吉市有着优越的地理位置，毗邻朝鲜、俄罗斯，与韩国、

水稻收割实现机械化

日本等国家隔海相望，东直距中俄边境仅60公里，直距日本海80公里，南直距中朝边境仅十余公里，是东北亚经济圈腹地“金三角”内中方的支撑点，与周边国家频繁开展了经贸、文化等领域的往来。目前已有300多家外资企业入驻延吉市。目前，延吉同时享受西部大开发、东北老工业基地振兴和边疆少数民族政策，已经成为各项优惠政策的叠加区。陆、海（借港）、空交通便捷，已成为韩国、日本和北美国家通向中国东北亚及亚欧大陆最便捷的国际通道和国际客货海陆联运的最佳结合点。延吉机场已获批国际空港，开通了至北京、上海、长春、沈阳、广州、大连、青岛等国内大中型城市的十几条国内航线和至韩国首尔的国际航线，周边有11个对外开放口岸与外连接。经过多年的建设，形成了比较完备的市政基础设施，商贸、金融、通讯等服务体系健全，中心城市的辐射带动功能已初步显现。

延吉市综合经济实力始终位居吉林省县（市）第一，2000年、2001年和2002年曾连续三年进入全国百强县（市）行列，2005年名列全国百强县（市）第九十三位，是吉林省唯一进入全国百强的县（市）。2007年，延吉生产总值完成115.1亿元，增长19.3%；一般预算全口径财政收入完成25.77亿元；全口径工业总产值突破100亿元；固定资产投资完成85.03亿元，增长47.4%；城镇居民人均可支配收入达到13 155元，增长18.2%；农民人均纯收入达到6 131元，增长5.2%。

图们市

1965年4月，图们镇和石岘镇各从延吉县（今龙井市）和汪清县划出成立图们市。

图们市位于吉林省东部，图们江下游，处于北纬42°47′至43°13′，东经129°32′至130°12′之间。全境东西最长约57公里，南北最宽约37公里，总面积1142.65平方公里。东与珲春市接壤，东南与朝鲜民主主义人民共和国隔图们江相望，西南与龙井市相接，西与延吉市为邻，北与汪清县相连。图们市总面积1142.65平方公里，总人口为12.99万人，有朝、汉、满、回等14个民族。其中，朝鲜族人口7.02万人，占全市人口的54.04%，汉族人口5.67万人，占全市人口的43.64%，其他少数民族人口0.3万人，占全市人口的2.32%

图们市辖区有3个街道办事处（新华街、向上街、月宫街），4个乡镇（石岘镇、长安镇、月晴镇、凉水镇），49个行政村，27个社区，一个工业开发区。

图们市1985年被国家批准为甲级边境开放城市。1992年设立的省级开发区位于图们市区西北方向3公里布尔哈通河与嘎呀河交汇处东岸，东西宽3公里，南北长4.5公里，总面积为3.02平方公里，长春至珲春的高速公路穿越开发区。

在图们市日光山看到的图们江风光

图们市铁路口岸

图们市地处长白山余脉低山丘陵区，南岗山南北方向纵贯全境。地势西北高，东南低。市区位于图们江与嘎呀河冲击形成的山间盆地之中，四周群山环抱。地貌类型分为低山区、丘陵区、河谷平原区，呈现“八山半草半水一分田”。图们市耕地面积总资源为8208公顷。常用耕地面积7797公顷，其中水田1258公顷，旱田6539公顷。有效灌溉面积1425公顷。图们市境内已探知金属和非金属矿产种类有17种。金属矿主要是铜、铅、锌等；非金属矿储量较为丰富，其中：褐煤储量约为2亿吨，硅石储量3.6万吨，黏土储量13.6万吨，石榴石储量200万吨，大理岩储量6000万吨。

图们市地理位置得天独厚。图们市与朝鲜隔江相望，境内边境线长60.6公里。市区距朝鲜罗津先锋自由贸易区160公里，距中俄边境60公里，距日本海只有150公里。处于联合国开发计划署确定的东北亚经济合作开发区“大、小金三角”结合部。图们口岸是吉林省唯一有铁路和公路与朝鲜相通的国家一类口岸，历史悠久，功能齐全，历来是我国对朝鲜进出口物资的集散地和转运站。图们口岸分为公路口岸和铁路口岸，是国际客货运输口岸，是我国对朝鲜的第二大陆路口岸。图们口岸具有历史悠久、功能齐全、交通便捷、四通八达的特点。图们口岸年过货能力为560万吨/年。

敦化市

敦化市位于吉林省东部山区，隶属延边朝鲜族自治州，地处长吉图开发开放先导区的中心节点，辖区面积11 957平方公里，是吉林省区域面积最大的县级市。辖16个乡镇、4个街道办事处和1个省级经济开发区，行政区域内有3个大型森工企业和1个军工企业。总人口48万，人口分布城乡各半，有15个少数民族，朝鲜族占全市人口的4.87%。

敦化历史悠久，素有“千年古都百年县”之称。698年，粟末靺鞨族部首领大祚荣率众在此筑城自固，建都称王，号称震国。713年，唐玄宗册封大祚荣为渤海郡王，始称渤海国。明清时期，又被称作敖东城。清朝被封禁200年之久，1882年设治立县，取《四书·中庸》中“小德川流，大德敦化”之句，寄“敦风化俗”之意，定名为敦化。1946年，中共吉林省委、吉林省政府暂住敦化，1958年由省辖县划归延边朝鲜族自治州，1985年撤县建市。

敦化幅接吉黑两省四区九县市，区位优势明显，交通条件便利。图们至北京铁路横贯全境；201（鹤大）、302（珲乌）国道、长珲高速公路在城区交汇；随着吉珲铁路客运专线、白河经敦化至东京城铁路、201（鹤大）高速公路、敦化至五常公路的陆续建设，敦化的区位条件将进一步改善，届时将有三条铁路、两条高速公路、三条国道在敦化交汇，是东北亚区域重要的交通枢纽。

敦化市长白山自然保护区

敦化市物产资源丰富，有长白山天然立体宝库之称。森林资源闻名全国，现有林地总面积10 146平方公里，森林覆盖率84.9%，活立木蓄积量6461万立方米。以红松、紫椴、水曲柳、云杉为主的大宗优质木材30多种，是全国重点林区之一。被国家列为全国退耕还林（草）试点示范县。野生动植物资源种类繁多，野生经济植物有160科1408种，其中，长白山特有的山参、刺五加、五味子、灵芝等名贵中药材240种，蕨菜、薇菜、黑木耳等特色野生植物近百种；野生动物有159种，其中，东北虎、黑熊、梅花鹿等珍稀动物20种。能源矿产资源开发潜力巨大，已探明各类矿产资源32种，泥炭、硅藻土、大理石、花岗岩、橄榄石、矿泉水储量丰厚。敦化境内江河纵横，地表水系较发达，水

敦化市六顶山风景区

域总面积1万多公顷，多年平均河川径流量37亿立方米，水能理论蕴藏量32万千瓦。草场资源丰厚，林下草地80万公顷，草场总面积20万公顷，载畜量可达92万羊单位。

敦化是国家500个商品粮基地县之一，拥有耕地16万公顷，粮豆年产量在20万吨以上，主要农作物有大豆、水稻、玉米；经济作物及特产品有参药、烟叶、马铃薯、柞蚕、甜菜、食用菌、菊花等。冷凉的气候特点，使敦化成为全国优质小粒黄豆主要出口基地，占全国年出口的90%。

敦化山川毓秀，自然景观独特，是中国北方著名的旅游胜地。境内有清始祖祠、敖东古城遗址、老白山风景区、雁鸣湖湿地、原始自然风貌等旅游景点100多处。

敦化是新兴的工业城市，产业基础雄厚，工业经济占主导地位，现已形成林产、医药等支柱产业，中国吉林（敦化）木制品加工贸易区和中国实木复合地板名城、敖东医药名城和北药生产基地正在建设中，是东北东部重要的木制品、中药材和农副产品集散地。矿产、能源、食品、机械、物流、旅游等后备优势产业获得长足发展，塔东铁矿、大石河钼矿、抽水蓄能电站、华能热电厂、风力发电、吉珲铁路客运专线（敦化段）、鹤大高速公路（敦化段）、白河经敦化至东京城铁路（敦化段）、敖东工业园、六顶山文化旅游开发区等10个投资超20亿元的重大项目进展顺利，经济发展后劲不断增强。2010年，全市地区生产总值实现106亿元，财政全口径一般预算收入实现9.8亿元，城镇居民人均可支配收入达到13 755元，农民人均纯收入达到7029元。

展望未来，敦化市将着力实施“项目突破、产业振兴、开放带动、创新引领”战略，努力建设繁荣富裕、生态宜居、和谐幸福的区域中心城市。

珲春市

1714年，清政府设珲春协领，这是有资料可查的珲春地名第一次在官方出现。1881年，增设珲春副都统，统辖延边大部分地区。1889年前后在珲春相继建有副都统衙门、招垦总局、边务行营等军政机构。1909年，设珲春厅，辖密江以东之地，治所仍在珲春城。1913年，珲春厅改为珲春县。珲春初建县时县城称首善乡珲春城。1930年后改称第一区。沦陷时期，1936年改称珲春街。1945年以后先后称珲春县、城区、城关区、第一区、珲春镇等。1988年撤销珲春县，改置珲春市。1991年被国务院批准为国家级对外开放城市，1992年3月9日国务院批准珲春市为进一步对外开放沿边城市。

珲春市防川风景区石碑

珲春市地处吉林省东部，位于延边朝鲜族自治州东南。政区以珲春岭为界与俄罗斯滨海边疆区的哈桑区接壤，边境线全长246公里；西南以图们江为界与朝鲜咸镜北道相邻，边境线全长139.5公里；北部以老爷岭为界与汪清县毗连，西北角与图们市相连，东北与黑龙江省东宁市相邻。珲春市是我国唯一地处中、朝、俄三国交界的边境城市，与朝鲜临江相邻，与日本、韩国隔海相望，“雁鸣闻三国，虎啸惊三疆；花开香三邻，笑语传三邦”是对珲春的真实写照。由于珲春市处于图们江区域国际合作开发的核心地带，也被称为“东北亚的金三角”。

珲春市自然资源非常丰富。境内有珲春、春化、敬信等几个沉煤盆地，煤炭探明储量7.78亿吨，远景储量12亿吨以上，是吉林省最大的煤田。全市森林覆盖率为76.5%，活立木总蓄积量为5128万立方米。全市境内共有大小河流52条，水资源总量20.58亿立方米，人均占有水量12 770立方米。全市土特产资源1000多

珲春市
土字牌

种，盛产人参、鹿茸、蜂蜜、哈士蟆等名贵滋补药材和松茸、木耳等土特产品。

全市拥有耕地面积2.9万公顷，耕地、林地、牧草地之和占全市土地总面积的93.7%。耕地集中联片、地势平坦，坡度小于15度的耕地占99%，有利于发展粮食、蔬菜、药材及畜牧业。粮食作物主要以水稻、大豆、玉米为主。此外，珲春土壤内富含硒元素，经检测地上农作物果实均富含硒元素，长期食用，对人体健康十分有益。

珲春市地处长白山区，森林覆盖率达85%，活立木蓄积量达5 128万立方米，可开发利用的野生动植物资源达1000多种。这里冬暖夏凉属于温带季风性海洋气候，山川秀美如画，风景四季怡人，空气、水资源质量一级，森林、植被高密度覆盖，是生态养生乐园和避暑度假天堂。

珲春市下辖靖和街道、新安街道、河南街道、近海街道4个街道，春化镇、敬信镇、板石镇、英安镇4个镇，马川子乡、密江乡、哈达门乡3个乡，杨泡满族乡、三家子满族乡2个民族乡、1个边境经济合作区（含出口加工区、中俄互市贸易区）。

珲春边境经济合作区是1992年经国务院批准设立的国家级开发区，位于珲春市区南部。2000年和2001年，国务院又在珲春边境经济合作区内批准设立了珲春出口加工区和中俄互市贸易区，从而使合作区成为目前全国唯一集边境经济合作区、出口加工区和中俄互市贸易区“三区”一体，具有工业生产、边境互市、保税仓库、商业服务、居住旅游等多功能综合开发区。

现有1个国家级非物质文化遗产（朝鲜族筒箫）、2个省级非物质文化遗产（朝鲜族碟子舞、满族剪纸）、1个州级非物质文化遗产（满族祭祖节）。

2010年，全市实现地区生产总值78.3亿元；全口径工业总产值147.1亿元；贸易进出口总额8.1亿美元；城镇居民可支配收入达到27 037元；农民人均纯收入达到6 354元。工业经济总量、地方级财政收入、人均地区生产总值均已进入全省前十名，县域经济综合实力位居全省第12名，先后获得吉林省工业提速增效十强市、全民创业先进市称号和县域突破明显进步奖。

龙井市

1945年11月，延吉县各族人民成立了延吉县人民政府，全县设4个市（延吉市、龙井市、图们市、明月沟市）、18个区，县政府驻于延吉市。1950年10月，中共延吉县委和县政府机关从延吉市迁到龙井市。1952年9月3日，延边朝鲜族自治区成立后，延吉县归自治区管辖。1953年5月，延吉市从延吉县划出，归自治区管辖。1955年12月，延边朝鲜族自治区改为延边朝鲜族自治州，延吉县归自治州管辖。1965年4月，图们镇从延吉县划出设图们市，归自治州管辖。1983年4月7日，延吉县更名为龙井县。1988年5月25日，龙井县经国务院批准，撤县建市至今。

龙井市龙山朝鲜族民俗村

全市总面积2581平方公里，海拔高度最高为1331米，最低为101米。地形从边缘山地到中部盆地中心。

龙井市位于吉林省东南部，地处东经128度54分至129度48分，北纬42度21分至43度24分的长白山东麓，东南隔图们江与朝鲜相望，边境线长142.5公里；东北与延吉市、图们市接壤；西南与和龙市毗邻；西北与安图县相接。地形从边缘山地到中部盆地中心。

龙井市地处长白山中段，特产资源种类繁多，是中国苹果梨、红晒烟、黄牛、半细毛羊生产基地，也是吉林省商品粮生产基地和农业综合开发实验基地，境内有亚洲最大的连片苹果梨种植园、吉林省最大的人工熊养殖基地、国家级天佛指山松茸自然保护区。保护区总面积77 317公顷，主要针叶树种为赤松，地带性森林植被是以赤松为主的针阔混交林。天佛指山自然保护区内野生动物资源丰富。其中，鸟类种群已记录到14目36科59属91种；动物有5目10科15种；爬行类2科10种；两栖类6科10种；鱼类8目13科38种。石油、天然气等矿产资源储量丰富，目前已发现煤、铅、锌、金等33种矿产资源。随着资源战略性地位的日益提升，项目建设前景广阔，资源开发潜力巨大。

龙井市乐然公园

龙井市民俗文化底蕴深厚，有利于民族文化旅游产业发展。龙井市是延边文化教育的摇篮，是中国朝鲜族文化的发源地，是中国境内朝鲜族居住最集中、朝鲜族原生态文化和民俗文化保存最完整的地区；保存有驰名中外的龙井地名起源地井泉、一松亭等诸多历史遗存；全市60%以上的朝鲜族居民有海外关系，地缘和亲缘优势得天独厚。多年来，在党中央、国务院的正确领导下，民风淳朴、政治安定、边疆稳固、社会和谐，并多次被评为全国民族团结进步模范县（市），从历史上就是朝、回、满、蒙、汉各民族团结大融合和中国边疆少数民族地区民族团结进步的典范。

和龙市

和龙市位于吉林省东南部，延边朝鲜族自治州南部，地处长白山东麓，图们江上游北岸，东与龙井市接壤，西与安图县毗邻，北与龙井、安图两市县搭界，南与朝鲜民主主义人民共和国咸境北道、两江道隔图们江相望。市境南北长约100公里，东西

和龙市夜景

宽约70公里，呈不规则柞叶状，总面积5068.62平方公里，境内国境线长164.5公里，设有南坪、古城里两个对朝国家级陆路口岸。

和龙市地处长白山区，地貌类型复杂多样，西部多高山峻岭，西高东低，南岗山脉横亘中部。境内海拔1000米以上的山峰有1086座，西部的甑峰山为最高峰，其海拔高达1676.6米。中北部河谷盆地海拔500米，最低250米。地貌类型分为山区、丘陵、台地、谷地、河谷平原。

和龙市土地总面积506 861.55公顷，其中，农用地面积479 017.13公顷，占总面积的94.52%。全市天然草地18.3万公顷，其中牧业用草地39 550.3公顷。和龙市地处长白山腹地，生态环境优良，森林资源丰富，全市森林覆盖率达82.2%。用材树种有红松、沙松、红皮云杉、水曲柳、钻天杨、胡桃楸、黄波椤、柞树、枫桦、白桦、色树、椴树、山杨、紫椴、刺楸等53种，活立木总蓄积量6907.91万立方米。全境矿产资源丰富。已发现的矿产资源有37种，占延边朝鲜族自治州已发现的矿产资源的41.57%。已探明储量的矿产有22种，其中金属矿产8种，非金属矿产11种，能源矿产2种，水气矿产1种。煤、金、银、钼、铜、铁、铝、镍、滑石、浮石、花岗岩、玄武岩、大理石、矿泉水等资源开发潜力巨大，全市年产各种矿石130多万吨，煤炭年开采量100多万吨，是名副其实的天然“聚宝盆”。

和龙市南坪口岸国门

和龙城标坐落在和龙城区文化广场中心。城标呈梯形，底座长3.2米、宽2.6米、高10米，顶部装饰一条巨龙，标体表层贴面两侧用朝汉两种文字镌刻“腾飞”二字，其意为和龙市经济社会在新的起点上“腾飞”，跨越式发展。“巨龙”又与和龙市的地名有关，不仅和龙市名有“龙”字，而且在全市乡镇村屯中约有40个带“龙”字的地名。

和龙市下辖东城、头道、西城、八家子、福洞、龙城、南坪、崇善等8个镇76个行政村；文化、光明、民惠等3个街道24个社区。

截至2009年年底，全市总户数74 860户，总人口201 443人，境内有朝鲜、汉、满、蒙古、回、壮等11个民族，其中，朝鲜族人口103 736人，占总人口的51.5%；汉族人口94 827人，占总人口的47.1%；其他民族2 880人，占总人口的1.4%。

和龙市原名“和龙峪”，又名大砬子，因地形得名。和龙峪现为龙井市智新乡政府驻地，东南侧有五峰山并列，重峦叠嶂，连绵起伏。西侧为丘陵地带，中间为河谷盆地。“和龙”是满语“两山夹一沟”的意思，“峪”则是汉语“山谷”的意思，“和龙峪”是满汉两个民族语言合并而成的地名。“和龙”一名始见于1883年《吉林省朝鲜通商章程》之中，1884年，设通商局于和龙峪。1902年，于和龙峪设分防厅。1910年，改和龙峪分防厅为和龙县。1940年7月，伪和龙县公署由大砬子迁至三道沟（今和龙城区）后，迄今仍沿用“和龙”一名。

和龙市是多民族聚居市，有汉族、朝鲜族、满族、蒙古族、

金达莱花

知识链接 **金达莱节** 选择每年春天金达莱花盛开的时候举办。地点在和龙市西城金达莱花园。2006年举办第一届，目前已经成功举办六届。

回族、苗族等11个民族。除汉族外，10个少数民族人口约占全市总人口的53.12%，其中多数是朝鲜族，占总人口的51.53%，其他民族占1.59%。

2010年，全市实现生产总值32.5亿元，增长13.9%（按可比价格计算），连续七年保持两位数增长；人均GDP达到16 262元，增长15.6%；全口径财政收入完成3.9亿元，增长8.6%；农业总产值实现9.4亿元，增长10.2%（按可比价格计算），粮食总产量85 523吨，增长27.5%；全市23家规模以上工业企业实现总产值39亿元，增长49.1%，其中20家市属工业企业实现产值35.4亿元，增长47.5%；全社会固定资产投资完成71.7亿元，增长32.4%；社会消费品零售总额实现9.6亿元，增长18.9%；外贸进出口总额实现7851万美元，增长8.7%；城镇居民人均可支配收入10 888元，增长10.8%；农村居民人均纯收入3486元，增长7.3%。

汪清县

“汪清”源于满语（女真语），本音“旺钦”，意思为“堡垒”，位于吉林省延边朝鲜族自治州东北部，南北纵长108公里，东西横距152公里，紧靠东北亚经济贸易区，与我国开放城市绥芬河、珲春、图们相邻，面向绥芬河、长岭子、沙坨子、图们、

汪清县龙龟岛全景

三合、南坪、双目峰等8个口岸，是吉林省区域面积第二大县，辖8镇1乡。境内还有汪清、大兴沟、天桥岭三个州属森工企业及庙岭水泥厂。全县总人口26万人，有汉、朝鲜、满、蒙古、回等11个民族聚居，其中朝鲜族占总人口的29.9%。

1909年开始设置汪清县。1929年2月，汪清又归延吉交涉署管辖。1945年成立县民主政府，1952年属延边朝鲜族自治区，1955年属延边朝鲜族自治州，县政府驻汪清镇。

汪清县美丽的秋色

汪清县人民政府驻汪清镇，辖8个镇、1个乡：汪清镇、大兴沟镇、天桥岭镇、罗子沟镇、百草沟镇、春阳镇、复兴镇、东光镇、鸡冠乡。境内还有汪清林业局、天桥岭林业局、大兴沟林业局。

汪清县位于吉林省延边朝鲜族自治州东北部，东与珲春市，西与敦化市，南与图们市、延吉市，北与黑龙江省宁安县、穆棱县、东宁县接壤。南北纵长108公里，东西横距152公里，总面积8376.96平方公里。2004年数据其总人口25万人。

汪清县距俄罗斯边境40公里，距朝鲜边境18公里。地处长白山麓，属山区，平均海拔806米。属于大陆性中温带多风气候，冬长夏短，四季分明，垂直变化较大，年平均气温3.9℃，年平均降雨量为580毫米，无霜期为110—141天，年日照时数为2 700小时。

在汪清丰富的森林资源中，珍贵树种比重较高，红松、柞树、云杉、紫衫、椴树等占有相当大的比重，尤其紫杉、黄波椤更是保护树种。柞树林比例较大，其林地面积达23 074公顷，占林地总面积的28.7%，柞木活立木蓄积量2304万立方米占活立木蓄积量的26.3%。柞木以其木质致密、淀粉性高的特点广泛用于食用菌生产。其他如桦木、红松、落叶松林也占有相当的比例。

全县有各类经济植物149科934种，其中成片的野生植物38种184片。这些野生经济植物不但分布广泛，储量也较可观。据1985年统计，年总储量56 970吨，集中成片储量573吨。

全县实有耕地面积41 150公顷，占总面积的7.4%，人均占有耕地面积0.25公顷。其中旱田约占耕地总面积的88%。

根据性质、气候、日照时间，适宜栽培黄烟、水稻、蔬菜等土地面积为26 130公顷，主要分布在汪清、百草沟、大兴沟、东光四镇；适宜种植大豆、玉米、马铃薯、中药材、向日葵等作物耕地面积为30 250公顷，主要分布于罗子沟、鸡冠、蛤蟆塘、复兴四镇；适宜种植蔬菜、玉米等，耕地面积为9994公顷，主要分布在天桥岭、春阳两镇。

安图县

安图县位于吉林省延边朝鲜族自治州西南部，幅员7438平方公里。东南以南岗山脉为界与和龙市相邻；东北以哈尔巴岭为界，与龙井市相接；西北以牡丹岭、新开岭、马趟岭、阳保太大顶子、尖山为界，与敦化市毗邻；西部以错草顶子、马鞍山、东土顶子、二道松花江为界，与抚松县接壤；南部以长白山天池、双目峰为界，与朝鲜民主主义人民共和国两江道三池渊郡陆路相通，边境线总长33.7公里。

安图县地下森林

安图地处长白山北麓，境内群山起伏，沟壑纵横，长白山脉由南向北延伸，使全县地势呈现南高北低、东高西低、南北长东西窄的特点。

安图素有“长白山第一县”之称，坐落在安图境内的“中华十大名山”之一长白山的主峰是中国东北海拔最高、喷口最大的火山体，其独特的火山地貌，构成了极具代表性的“温带极地”山地自然综合体，先后被联合国教科文组织和世界自然基金会列入全球“人与生态圈保护网”及全球40个自然保护区之一。

安图水资源充沛，长白山天池是松花江、图们江、鸭绿江三江之源，全县共有大小河流88条，河流总长1800多公里，年径流量40多亿立方米，水能理论蕴藏量28.6万千瓦。借助丰富的水能资源，安图水电产业发展较快，是全国25个发展水利经济先进县（市）之一，在全国首批100个农村电气化试点县中位居前列。

安图森林资源丰富，全县森林覆盖率达85.1%，活立木总蓄积量9 800万立方米，是我国重要木材生产基地之一。在茂密的森林中，生长着各类野生植物资源2 300多种，其中山参、灵芝、贝母、黄芪、木通、五味子、天麻、瑞香、杜香、细辛、草从蓉等名贵药用植物800余种，松茸、蕨菜、薇菜、刺嫩芽、木耳、元蘑、猴头、桔梗等山珍食用植物160余种；同时还栖息着东北虎、金钱豹、黑熊、水獭、紫貂、梅花鹿等野生动物550余种。全县已规划开发生态经济沟200条，福满生态经济沟被国际有机食品联合会认证为“国际有机食品基地”，并被国家旅游总局确定为国家级农业旅游示范点。同时，中国农业科学院左家特产研究所在安图实施的“中特北药科技有限责任公司中药材GAP基地”项目是8个国家级中药材基地项目之一，安图已被国家确定为“绿色中药材出口基地县”。

安图已探明储蕴的金、钼、浮石、地热、大理石、矿泉水等各类矿藏多达66种。特别是县境内已发现的52眼长白山优质天然矿泉，总日流量达15.27万立方米，其水质可与世界著名的法国“维奇”矿泉水相媲美，与法国阿尔卑斯山矿泉、俄罗斯阿尔迈山矿泉并称为全球三大矿泉水系。2003年12月，安图被吉林省政府命名为“长白山大型天然矿泉水基地”。此外，县内已探明的黄金储量达28吨，是全国年产黄金万两县之一。

旅游业是安图的领航产业，县境内的长白山天池、瀑布、温泉群、美人松园、地下森林、药王谷、风蚀浮石林等自然景观星罗棋布；长白山神庙、古塔、古城、清祖降生地等人文景观众若繁星。

目前，全县以矿产业、旅游产业、药材业及医药加工产业、绿色食品加工业、水电产业和林产品加工业为主的六大产业粗具雏形，为安图实现跨越式发展奠定了基础。

安图历史悠久，远在旧石器晚期就有人类在这里繁衍生息。中原地区进入奴隶制社会时，县境居住着秽貊族系的北沃沮人。

西晋时，县域为肃慎人居地。汉元封三年（前108）汉武帝设乐浪、临屯、真番、玄菟等4郡，安图为玄菟辖地。汉建昭二年（公元前37）高句丽征服北沃沮并统治延边，安图为其辖地。唐圣历元年（698）粟末靺鞨首领大祚荣建震国，后改为渤海国，县境为中京显得府辖地，设卢州（今明月镇一带）、兴州（今二道镇宝马一带）。后唐天成元年（926）契丹灭渤海，改国号为辽，安图为辽东京道长白山女真大王府辖地。金于天会三年（1125）灭辽，安图为金上京海兰路会宁县辖地。金贞祐三年（1215）辽东宣抚使蒲鲜万奴在东京（今辽阳）叛金称王，国号大贞。金贞祐四年（1216）被蒙古和契丹人击败东逃，在南京（今和龙县城子山山城）建都，改国号“东夏”，安图为其南京路辖地。元太宗六年（1234）安图归辽阳行省开元路。明洪武十八年（1385），灭东夏国统一东北，安图为奴儿干禾屯吉卫辖地，治所在今万宝镇古城村。清顺治元年（1644）清军主力入关后，清廷视长白山一带为其祖先发祥地，遂于康熙十六年（1677）将兴京以东，伊通州以南，图们江以北划为禁地。安图为长白山腹地，且盛产人参，封禁尤严。咸丰年间，山东、河北流民始入禁区谋生。光绪七年（1881），正式开禁，封禁长达200余年。光绪三十四年（1908），县境五道白河以北至牡丹岭一带为桦甸县辖地，以南至长白山一带为长白府辖地，荒沟岭以北至哈尔巴岭一带为延吉县辖地。

安图县福满生态沟

自清同治七年（1868）以来，韩民越垦逐渐增加。至宣统元年（1909），仅二道江一带达280余户。甲午战争后，日本为鲸吞中国领土，制造“中韩边界”问题，在边境地带屡生事端，而长白府辖域过广，治理难周。为对长白山一带“实边”，经理疆界，遏制日本的侵略，宣统元年十月二十四日（1909年12月6日）东北三省总督锡良奏请，于图们江上源，自红旗河以西，北循省界，南至石乙水，中抱布尔瑚里至长白山，添设县治。同年十二月初六日（1910年1月16日）获准，命名安图，意为安定图们江界，保国安民。拟治于红旗河口，后因经费不足，改于娘娘库（今松江镇），隶于奉天省长白府。1913年安图县属奉天省东路辖，1914年6月属奉天省东边道。1929年1月隶于辽宁省，为三等县。东北沦陷后，1932年属伪奉天省，为丁等县。1934年12月1日划归“间岛省”，1943年10月属伪东满总省“间岛区域”，1945年复归“伪间岛省”。安图县于1946年3月解放，隶于吉东分省。同年5月吉东分省划分为延边、吉东（后改为吉敦）两个专区，安图属吉东专区。1947年10月11日，吉敦、延边两个专区合并称吉东专区，专署驻延吉，安图属之。1948年3月吉东专区改为延边专区。1952年9月3日延边朝鲜族自治区成立，1955年自治区改为自治州，辖安图至今。

中国朝鲜族第一村——安图县万宝镇红旗村

安图交通通信十分便利。明长公路纵贯南北，直达长白山天池，双目峰通道是中朝边界唯一的陆界通道。有图（们）乌（兰浩特）、鹤（岗）大（连）、松（江）老（松岭）三条国家级公路和长（春）图（们）线、通（化）白（二道白河）线两条铁路通过安图境内，县城距延吉国际机场63公里，公路4小时即可到达省会长春，铁路直达首都北京。通讯十分发达。全县现有程控电话交换机4万门，市区电话普及率达到每百人27部，与世界160多个国家和地区通信联网。邮政业务种类齐全，可办理国内、国际各种邮政和特快专递业务。无线寻呼和移动通信发展迅速，移动电话信号覆盖全县。

2011年全县工业总产值达到42亿元，比2006年增长3.5倍，年均增长36%。县属规模以上工业总产值达到26亿元，增长2.7倍，年均增长30%；实现利税2.1亿元，增长2.3倍，年均增长26.7%，其中产值超亿元企业达到11户，纳税超千万元企业达到4户，工业对地区生产总值的贡献率达到37.2%，成为拉动经济增长的强劲引擎。企业创新能力不断增强，累计完成技改投资42亿元，实现新产品产值8.5亿元。园区发展取得重大突破，经济开发区（工业集中区）升级为省级开发区，起步区和发展区实现“五通”全覆盖，入驻企业达到11户，产值占县属规模以上工业总产值的17.6%，集聚效应进一步显现。

安图现有耕地27 174公顷，其中旱田23 926公顷，水田3248公顷，主要生产水稻、玉米、大豆等农作物。2011年农村经济总收入由5.5亿元增加到10亿元，年均增长12.7%。州级以上龙头企业发展到17户，农民专业合作社发展到170家，中药材、畜牧业、山珍食品和高效经济作物等产业基地规模不断扩大，产业化经营水平稳步提高。累计投入资金5.5亿元，改造农村泥草房及危房4985户、乡村道路449公里，修建堤防1.3万延长米、安全饮水工程105处，为5.2万农村用电户进行了用电计量装置改造，农村生产生活条件得到全面改善。重点打造新农村示范村79个，被评为“全省新农村建设先进单位”。

安图境内主要居住汉族、朝鲜族、满族、回族、蒙古族等15个民族。2010年，全县户籍总人口为217 333人，其中汉族人口169 827人，占总人口的78.14%，朝鲜族人口41 177人，占总人口的18.95%；非农业人口110 884人，占总人口的51%；农业人口106 449人，占总人口的49%；其他少数民族6329人，占总人口的2.91%。汉族人口主要分布在松江镇、二道白河镇、两江镇、万宝镇、新合乡、永庆乡；朝鲜族人口主要分布在明月镇、石门镇、亮兵镇。

▲

长白山天池

长白朝鲜族自治县

吉林省长白朝鲜族自治县成立于1958年9月15日，当时县内居住的朝鲜族人口达10 400人，占全县人口的30%。长白朝鲜族自治县位于吉林省东南边陲，长白山南麓，鸭绿江上游。东南与朝鲜民主主义人民共和国两江道隔江相望；北与抚松县交界；西与临江市接壤，是全国唯一的朝鲜族自治县。全县边境线总长260.5公里，总面积2497.6平方公里。辖6镇5乡77个行政村，目前总人口8.7万，其中朝鲜族占全县总人口的16.4%。县城长白镇是全县政治、经济、文化活动的中心。

长白县历史悠久，早在四千年前的新石器时代晚期，就有人

类在这块土地上劳动、繁衍、生息。清统一中原定都北京后，视长白山地区为兴邦建业的祖基发祥地，于1677年加以封禁，此地不再有居民。1895年清政府解除禁令，实行开发边疆政策，居民渐多。1908年，在长白设府治。由于招垦兴邦，境内人口逐年增多。中华人民共和国成立之后，1958年9月15日，经国务院批准，成立长白朝鲜族自治县，属吉林省通化专区管辖；1985年4月，实行市管县体制，归白山市（当时为浑江市）管辖。

新中国成立前的长白，人们在广袤的长白大地上过着日出而作，日落而息的生活。单一的粮食生产使人们无法摆脱靠天吃饭的局面，遇上自然灾害，人们只能颠沛流离，乞讨为生。新中国成立至1956年，工农业总产值递增率为9.42%。“大跃进”和“文化大革命”期间，人们靠吃“返销粮”维持生活，全县人民在温饱线上苦苦挣扎。党的十一届三中全会以后，把工作重点转

▲

长白朝鲜族自治县成立四十周年庆祝大会

移到经济建设上来，逐步构筑起了具有长白特点的林产、水电、人参特产三大支柱产业。与此同时，深入开发矿产、医药、旅游等资源，努力培育新的经济增长点。

长白县现有林业用地21万公顷，森林覆盖率为80.2%。活立木蓄积量2 771万立方米，年采伐量为16万立方米，是全省唯一生产量大于采伐量的县份。全县有14家林产工业企业，木材转换率达到30%，木材利用率达到40%，林业生产综合经济效益明显提高。与此同时，制定实施了“长白山区长白县域生物多样性保护恢复工程”，全县提前3年完成了绿化吉林大地的12项指标。

长白县水资源和水能资源极为丰富，全县共有大小水电站18座，年发电量突破1亿千瓦时大关，是“三北”地区首批“初级电气化县”。

人参生产是长白县农村经济发展的重要支柱产业。经过20多年的发展，全县现已达到留存面积400万平方米，年作货水参250万公斤左右的规模。优质高产系列科技成果多次荣获国家级、省部级大奖，并有“响宇牌”等四大系列名优产品通过部级鉴定。

长白县现已发现矿点、矿化点、矿床、矿产地90余处，矿种35种。大型硅藻土矿床无论在储量还是在质量上居全国之首位，远景地质储量达2亿吨，探明地质储量3 500万吨；马鹿沟中型高岭石矿床远景储量达1 000万吨，已探明地质储量210万吨，地开石远景储量达200万吨，已探明地质储量100万吨，明矾石远景储量1 000万吨，已探明地质储量220万吨。不久的将来，矿产业将成为全县经济发展的支柱产业。

长白县野生植物极为丰富，药用植物种类繁多，从而带动了医药事业的发展。

旅游业已成为长白县正在兴起的重要产业。主要景点有唐渤海时期的灵光塔、长白山天池及垂直植物分布带、鸭绿江大峡谷、鸡冠峰、十五道沟森林公园等。同时，还开设了朝鲜“一日游”“二日游”“三日游”等项目。每年都吸引了大批国内外游客前来观光旅游，有力地促进了县内第三产业的发展。

长白县作为吉林省重要的经济开发区，使长白县的对朝边贸、民贸十分活跃。长白口岸已升为国家一类口岸。进出口贸易额，民间贸易额呈现出逐年上升的良好势态。

“十一五”期间，工业增加值实现8.5亿元，工业总产值年均

长白县城全貌

增长25%。农业总产值实现7.9亿元，农民人均纯收入达到6 500元，社会消费品零售总额达6.2亿元。

“十一五”期间，长白县通过“中国旅游强县”验收。2011年接待旅客60万人次，综合收入达3.9亿元。长白朝鲜族自治县被选入50个“中国最美小城”，并获得“中国最佳民族生态旅游名县”称号。

星罗棋布的朝鲜族乡(镇)

朝鲜族除了聚居在吉林省延边朝鲜族自治州和长白朝鲜族自治县以外，还分散在全国各地，主要以东北三省为多。为了更好地落实党的民族政策，朝鲜族在黑龙江、吉林、辽宁三省朝鲜族聚居的地区先后成立了朝鲜族乡（镇）。民族乡（镇）是少数民族在散杂居地区相对集中居住的一种形式，是民族区域自治制度的一种补充。民族乡（镇）虽不属于民族区域自治地方的一级单位，但又不同于一般的乡镇基层政权性质，具有一定的民族自治、自主的性质。因此，民族乡（镇）也是保障少数民族享有和行使民族平等、自治和发展权利的一个重要的形式和方面，对少数民族的发展起着重要作用。东北地区的单独或与其他少数民族联合建立的民族乡（镇）在散杂居朝鲜族的社会发展，民族经济的繁荣，民族文化、语言文字的继承发扬，中小学民族教育的发展等方面都做出了重要贡献。

希望田野——辉南县楼街朝鲜族乡

楼街朝鲜族乡原系清王朝的围场。清咸丰年间，有李姓和姜姓两户人家在此垦荒种地，为了防范野兽的侵袭，盖起了木头楼子看护庄稼，称为李家楼、姜家楼。后来垦荒农民逐渐增多，形成居民点，木头楼子越盖越多，人们称之为“楼上”。1900年始称楼街，为海龙府海聚社辖区。清宣统元年（1909），辉南设治后，楼街归辉南直隶厅海聚社所辖，民国二年（1913）设辉南县公署，楼街为辉聚社辖地。民国十四年（1925）楼街改称为楼街村。1931年改为楼街保，1936年又改为楼街村公所。1947年，楼街归平安区管理，1956年撤区建乡，成立楼街乡，1958年3月，龙泉乡并入楼街乡，乡政府设在楼街。1961年从平安川人民公社划出，成立楼街人民公社（含板石河），1962年板石河划出，这时，楼街公社辖楼街、义隆、龙光、龙泉、茂盛、全胜6个大队，1978年全胜大队分为光明、长胜两个大队。1983年撤社建乡，生产大队改为村，生产队建立农业生产合作社。因楼街为朝鲜族聚居地，经省政府批准，恢复楼街朝鲜族乡。2005年合乡并镇，将原板石河镇划归楼街朝鲜族乡。

楼街朝鲜族乡位于吉林省辉南县县城南18公里处，是全县唯一的朝鲜族乡镇，全乡辖区面积119.5平方公里，总人口25 832人，其中朝鲜族人口3600人，总户数7849户，其中农业户6023户，耕地面积5 156公顷，其中水田2628公顷，旱田2528公顷，全乡共辖12个行政村，其中朝鲜族村3个，实现财政收入403万元，人均收入4320元。

辉南县楼街朝鲜族乡人民政府

经过多年的发展，全乡形成以“绿优米”产、加、销为一体的优质米支柱产业和以草编、铜管加工为主的家庭手工业，以劳务输出为主的民族产业，以人畜分离，集中大户小区养殖为主的养殖业等四大主导产业。素有绿优米之乡、草编之乡、梅花鹿之乡等美称。

自新农村建设开展以来，楼街乡把新农村建设作为工作的重

▲

希望的田野

中之重来抓，取得了明显效果。投资570万元完成5个村15公里的水泥路建设；投资50万元对苗家街水库、煤窑沟水库两个小二型水库进行了除险加固；投资80万元兴建了长兴村、苗家街村自来水入户工程，有效解决了两个村350多户1360多人的吃水难问题；投资20万元对三通河流域进行了水泥护坡，栽种护坡植被1500平方米，并派专人管理，达到了环保要求标准；2007年楼街乡被农业部选定为国家30万亩产A级绿色水稻生产基地；在原来"草编协会""养殖协会""绿优米协会"基础上，新成立注册了"楼街村农民植物保护协会""茂盛村绿优米生产合作社""胜利村养鸡协会""新荣村劳务输出协会""义龙村用水协会"等几个新型经济合作组织。楼街大米远近闻名，主要是因为它由优良的水质和土壤，适宜的气候和温度孕育而成，并集合了朝鲜族悠久传统的种植方式和现代科学种植技术，主要品牌有"楼街贡米""坤仓贡米""高丽香""卓越""富源"等。品种以"超级稻""小町""307"为主。楼街大米口感好、营养丰富，不仅是人们餐桌上必备的食品，而且生产的10斤、20斤小包装携带方便，成为很多人用作往来馈赠的佳品。

2011年，全乡工农业总产值实现23 728万元，其中农业产值实现14 020万元、工业产值实现9708万元；农民人均收入实现4335元。

桓仁满族自治县雅河朝鲜族乡

雅河朝鲜族乡位于桓仁满族自治县县城南部8公里处，乡域总面积195平方公里，呈“七山二水一分田”的自然地貌，其中耕地面积3.18万亩，水田1.46万亩；山林面积19.8万亩，覆盖率达67%；水域面积9401亩。全乡下辖8个自然村，95个居民组，总人口19 875人，有8个民族杂居，其中朝鲜族人口占5%，是全县唯一以朝鲜族命名的乡镇。

雅河朝鲜族乡地理位置优越，交通便利，境内资源丰富，素有“鱼米之乡小江南”之美誉。浑江、大雅河从境内流过，水利电力十分发达。旅游风景奇特，著名景区望天洞、云峰峡坐落于此。矿产资源丰富，方解石、石灰石、铜、锌、钼、铁等矿藏储量较多。全乡主要以工业、旅游业、优质米、果药、畜牧和劳务输出六大产业发展为主。全乡工业发展步伐较快，现有大小企业37家。2007年全乡地区生产总值实现5.9亿元，工业总产值实现1.7亿元，农业总产值实现1.2亿元，农民人均收入4690元。

桓仁满族自治县雅河朝鲜族乡人民政府

鹤岗市萝北县东明朝鲜族乡

东明朝鲜族乡于1984年8月成立，是黑龙江省萝北县唯一的少数民族乡。目前，全乡行政区域面积4913公顷，所辖7个行政自然村，总户数1038户，总人口3 526人，其中朝鲜族1025户，占全乡农业户总数的98.7%。耕地面积2537公顷，其中水田2051公顷，旱田486公顷。全乡林地面积130.1公顷，草原面积454公顷，水面面积10公顷。乡域内农作物生长条件优越，全乡有80%以上的水田采用无任何污染源的自然水灌溉，土壤类型主要为黑土和草甸土，渗透性中等，潜在肥力高，周边地区无大气污染。

截至2006年底，全乡从业人员总数达到2 641人，按行业可划分为农业、林业、牧业、渔业、运输业、商饮业以及劳务输出。其中农业从业人员1 362人，占从业人员总数的52%；劳务输出人员1 247人，占从业人员总数的47%，其中国内劳务774人，国外劳务473人。2006年全乡农村经济总收入为2 786万元，其中种植业收入2 117万元，占总收入的76%，种植业是我乡的支柱产业；牧业收入641万元，占23%；农民外出劳务输出收入1 200万元左右，农民人均纯收入4 732元。其中全乡有6个村农民人均纯收入达到 4 500元以上，7个村均达到县级以上文明村标准，其中黎明村被评为全国文明村创建先进集体和省级文明村标兵，有4个村达到市级文明村标准。近些年，黎明村在省、市、县、乡各级领导部门和社会各界的支持关怀下，以全面建设小康社会为目标，采取有效措施增加农民收入，大力发展公共事业，农民逐渐富裕起来，村容村貌、人居生活环境发生了巨大变化。平坦的水泥路一直从村里通到萝北县凤翔镇，村内70%的道路也铺成了白色路面，村西建了村大门，两条东西走向的主街安了路灯，建了休闲广场，安装了10套健身器材，100%的农户都看上了有线电视，接通了电话，喝上了自来水，房屋砖瓦化率达到98%，有80%的家庭已经建起了卫生厕所。一到夏天，黎明村就呈现出绿树环抱、鲜花盛开的美丽景象。

朝鲜族乡（镇）一览表

辽宁省		
桓仁满族自治县雅河朝鲜族乡	宽甸满族自治县下露河子朝鲜族乡	
吉林省		
辉南县楼街朝鲜族乡	柳河县姜家店朝鲜族乡	柳河县三源浦朝鲜族镇
集安市凉水朝鲜族乡	蛟河市乌林朝鲜族乡	榆树市延和朝鲜族乡
梅河口市花园朝鲜族乡	通化县大泉源满族朝鲜族乡	通化县金斗朝鲜族满族乡
梅河口市小杨满族朝鲜族乡	吉林市土城子满族朝鲜族乡	
黑龙江省		
北安市主星朝鲜族乡	海林县海南朝鲜族乡	桦川县星火朝鲜族乡
鸡东县鸡林朝鲜族乡	鸡东县明德朝鲜族乡	萝北县东明朝鲜族乡
密山市和平朝鲜族乡	东宁县三岔口朝鲜族镇	宁安市卧龙朝鲜族乡
宁安市江南朝鲜族满族乡	尚志市河东朝鲜族乡	汤原县汤旺朝鲜族乡
五常市民乐朝鲜族乡	依兰县迎兰朝鲜族乡	绥化市北林区兴和朝鲜族乡
铁力市年丰朝鲜族乡	兴凯朝鲜族乡	尚志市鱼池朝鲜族乡
海林市新安朝鲜族镇	七台河市勃利县杏树朝鲜族乡	友谊县成富朝鲜族满族乡
鸡西市城子河区永丰朝鲜族乡		

吉林省和黑龙江省朝鲜族乡（镇）统计来源：韩俊光．朝鲜族．北京：民族出版社，1996.

郑律成像
정율성상

第七章
名人轶事

在长期的革命斗争中，朝鲜族涌现出许多杰出的人物。例如，曾任中共满洲省委军事委员会书记的杨林，东北抗日联军前身磐石抗日游击队创始人、与抗日联军著名将领杨靖宇并肩作战的李红光，曾任中共北满省委委员、东北抗日联军第三军军长及第三路军参谋长的许亨植，曾任中共河北省委书记兼天津市委书记的李铁夫等。此外，还有著名绘画大师，被誉为“整理敦煌壁画第一人”的韩乐然，中国无产阶级革命音乐事业的开拓者之一、创作中国人民解放军军歌和朝鲜人民军军歌的郑律成等。

中共满洲省委
军事委员会书记——杨林

杨林（1901—1936），1901年生于朝鲜平安北道，原名金勋，曾用名杨宁、毕士第。1924年，杨林毕业于云南讲武堂。1925年到广州，在黄埔军校任教官，后任第三期学生队队长。1925年2月，参加了广东革命政府第一次东征。东征主力是黄埔军校两团学生军，担负正面进攻的重任。同年6月，杨林随同东征军从东江撤回广州，又参加了讨伐与平定滇军和桂军的叛乱。杨林在战斗中表现得机智勇敢，奋不顾身，屡立战功。不久，杨林光荣地加入了中国共产党。

杨林

1925年11月，建立了一支由中共直接领导的军队——国民革命军第四军独立团。叶挺任团长，杨林任第三营营长。1926年4月，杨林根据党的决定从独立团又回到黄埔军校。1927年8月，党组织派杨林去苏联学习军事和马列主义。

1930年春，杨林从苏联回到中国，党派他到东北中共满洲省委工作。杨林担任东满特委委员兼军委书记，负责领导军事工作。他到东满积极组织农民武装，夺取反动地主和军警的武器，为后来建立反日游击队积累了有益经验。1931年冬，杨林同志调回省委，担任省委军委书记工作。

杨林同志担任省委军委书记期间，非常重视抗日武装斗争问题。1932年初，杨林同志协助磐石县委，以原有的赤卫队——“打狗队”为基础，于5月间正式创立了“磐石工农义勇军”。磐石工农义勇军是后来发展起来的南满游击队和东北抗日联军第一军的前身。杨林同志是这支武装队伍的创始人之一。

1932年秋，党中央决定调杨林同志去江西中央苏区工作。杨林同志到苏区后担任工农红军第一方面军补充师师长。1934年1月出席了苏维埃第二次代表会议。同年10月，红军开始长征时，杨林同志任中央军委干部团参谋长。他随同红军，在极端艰苦的情况下，爬雪山，过草地，打退许多次蒋介石军队和地主武装的追击，于1935年末随同党中央胜利到达陕北革命根据地。

1936年2月间，杨林同志在毛泽东同志亲自率领下渡黄河东征，他担任十五军团七十五师参谋长。为了大军顺利渡过黄河，领导决定杨林同志亲率七十五师二二三团一个营为渡河先锋，要求迅速占领对岸阵地，掩护主力部队顺利渡过黄河。杨林同志肩负渡河先锋的重任，积极制订作战方案。2月22日夜10时，杨林率渡河先锋营强行渡河，由于指挥得当，终于将对岸阵地的敌人击退，完成了掩护大军渡过黄河的光荣任务。这次强渡黄河战斗，是我军作战史上以弱胜强的光辉范例。杨林同志是创造这一范例的英雄，他的鲜血浇灌了中国革命的胜利之花。杨林同志又指挥部队继续向敌人阵地纵深攻击前进时，不幸中弹牺牲，时年36岁。

东北抗日联军第三军军长——许亨植

许亨植（1909—1942）原名许克，别名李熙山、李三龙，中国共产党党员。曾任中共北满省委委员，东北抗日联军第三军军长，抗联第三路军总参谋长。1942年在战斗中壮烈牺牲。

许亨植

许亨植1909年生于朝鲜庆尚北道善山郡。父亲许一昌参加反日“义兵运动”，1913年“义兵运动”遭到日帝的血腥镇压，许亨植全家被迫流亡到中国东北。许亨植于1930年光荣地加入了中国共产党，成为一名无产阶级先锋战士。1930年中共北满特委决定于五一国际劳动节的当天，在哈尔滨市举行示威游行，并且计划冲砸日本驻哈尔滨领事馆。按照特委的布置，许亨植率领荒山嘴子的十几名共青团员赴哈尔滨参加了这次示威游行，遭到军阀军警镇压，许亨植被捕后被送往沈阳监狱关押。1931年九一八事变后，在党的营救下，获得释放。

许亨植出狱后，和金策一起受党的派遣，又回到宾县，担任中共宾县特支委员。1933年，满洲省委派许亨植同志到汤原县，不久又到珠河黑龙宫一带从事组织反日游击队的工作。1934年6月28日，珠河游击队改编为东北反日游击队哈东支队。许亨植由地方调到游击队，担任第三大队政治指导员。同年秋，又被任命为第一大队大队长。1935年1月28日，哈东游击支队改编为东北人民革命军第三军第一师，许亨植被任命为二团团长。他率领着这支队伍英勇地展开了抗日游击活动，粉碎了敌人对游击区的“讨伐”。同年冬，许亨植调任三团政治部主任。他率领三团在五常县高丽营子消灭敌人一百多人，缴获颇多。许亨植的军事指挥才能初步显露出来。

1935年，三团扩编为三师，许亨植任师政治部主任。他不仅逐渐地成长为优秀的政治工作者，也锻炼成为机智勇敢、多谋善断的军事指挥员，在党和军队内很有威望。1936年9月，许亨植被选为中共北满临时省委委员。同时，省委决定调他到东北抗日联军第三军第一师担任政治部主任。

1938年1月，许亨植任三军三师师长。1939年4月提升为东北抗日联军第三军军长。三军整编不久，中共北满省委又决定把三、六、九、十一军统一改编为东北抗日联军第三路军，许亨植被任命为第三路军总参谋长，兼任十二支队政委。

1941年秋，抗联三路军决定调许亨植到九支队，并把支队编成三个小分队，秘密开展工作。1942年8月3日，在邵凌河河套，许亨植所率小分队被搜山的伪警察队发现，经过两个多小时的激烈战斗，终因敌众我寡，壮烈牺牲，时年33岁。

东北抗日战争中的优秀指挥官——李学福

李学福（1901—1938），原名李学万，别名李葆满。1901年

12月11日生于吉林省延吉县。1915年迁居到饶河县。1933年，李学福加入了中国共产党，参与组建抗日武装，李学福和崔石泉等人在饶河县举办了70余名青年参加的军政干部训练班，为建立游击队准备了人才。后来李学福离开了地方党组织，参加了饶河反日游击队担任军需长，负责全队的给养和其他军用物资筹备工作。

李学福

1934年7月，李学福接任饶河反日游击大队大队长。李学福采取“敌人集中，我分散；敌人分散，我集中”的战术，率领饶河反日游击大队与敌人进行了游击战，使日伪军受到了很大的打击。

1935年9月，饶河反日游击队正式改编为东北人民革命军第四军第四团。李学福任团长，崔石泉任参谋长，兵力250人。为了巩固虎饶游击区，部队仍留在虎林、饶河、宝清等地独立活动。在新兴洞战斗中，给日军以重大打击，击毙日军高木司令等三十多人，伪军二十多人。

1936年4月，东北人民革命军第四军第四团扩编为第四军第二师，李学福任副师长。同年11月间，东北人民革命军第四军第二师改编为东北抗日联军第七军。陈荣久任军长兼第一师师长，李学福任第二师师长。1937年春，第七军军长陈荣久在小南河战斗中牺牲。东北抗日联军第七军党委决定崔石泉同志担任代理军长，将原第一师、第二师合并组成新编第一师，李学福任师长。队伍迅速扩大，积极地开展抗日游击活动。

1938年1月，中共下江特委扩大会议决定东北抗日联军第七军直属东北抗日联军第二路军指挥部领导，崔石泉调到第二路军任总参谋长，李学福担任第七军军长和党委执行委员会常委。不久，李学福同志因长期艰苦斗争，积劳成疾，患了严重的半身不遂症，于同年8月8日病逝，时年38岁。李学福把自己的一生献给了中国人民的解放事业，是东北抗日战争中的优秀军事指挥员。

“哈东司令”——李福林

李福林（1907—1937），原名公道轸，又名崔东范。1907年5月出生于朝鲜咸镜北道稳城郡，1918年2月，移居到吉林省和龙县明岩村。

1930年，李福林加入中国共产党。同年11月，李福林在海沟一带做群众工作时，不幸被敌人逮捕，转押到吉林监狱、奉天（沈阳）监狱。1931年，九一八事变后，李福林被党组织营救出狱。

李福林出狱后，党派他到哈尔滨担任中共满洲省委巡视员。1932年春，李福林担任珠河中心县委组织部长。1933年10月，在三股流正式成立了珠河反日游击队，赵尚志任队长，李福林任党支部书记。珠河游击队成立后，李福林率队在三股流解决数名欺压群众的汉奸，没收了他们的财产，分给贫苦农民。

1934年6月，珠河反日游击队改编为东北抗日游击队哈东支队，李福林担任哈东支队党委书记。1935年1月，为了适应形势发展的需要，扩大抗日游击战争，以哈东支队为基础，吸收地方青年义勇军，成立了东北人民革命军第三军，李福林任第三军执法处长。

1935年9月，珠河县委召开执委扩大会议，决定动员群众破坏敌人集团部落政策，加强武装队伍，扩大游击区。李福林担任东北人民革命军第三军第一团政治部主任。1936年初，赵尚志率领三军主力部队西征的时候，李福林率一团在延寿、方正一带坚持游击斗争，建立了游击根据地。

1936年8月，东北人民革命军第三军改编为东北抗日联军第三军，李福林同志担任第一师政治部主任，兼任哈东游击司令，活动在延寿、方正、依兰、林口、通河等县。

1936年9月，李福林参加珠河联席会议，并被选为中共北满临时省委委员，并出任省委组织部长。同年冬，李福林担任东北抗日联军第三、六、八、九军联合组成的抗日联军依东办事处主任。为各军筹备军需物资做出了重要贡献。

1937年1月后，李福林同志为了配合三军主力西征，牵制敌人有生力量，率一师一团转战在哈东一带，多次袭击敌人据点。1937年4月，李福林同志率领少年连和警卫连一百七十多人去省委开会途中，部队驻在通河县二道河于北山时，由于汉奸告密，遭到日伪军的包围。李福林掩护部队突围时，不幸中弹牺牲，时年30岁。李福林是人民群众爱戴的“哈东司令”，他为珠河游击队的创建和抗联三军的发展壮大，做出了重大贡献。

中共河北省委书记——李铁夫

李铁夫（1901—1937），原名韩伟健，出生于朝鲜咸镜南道洪原郡。1919年3月1日，朝鲜爆发了全国性反日独立运动，李铁夫领导爱国学生集会游行，在这次运动中初次显露了李铁夫的组织指挥才能，成为朝鲜青年学生独立运动的主要负责人和青年领袖。同年4月，李铁夫因日本警察通缉，流亡到中国上海，任《新韩独立新闻》编辑。

1920年，李铁夫离开上海，秘密潜入日本，在京都学医。同年10月，李铁夫在东京组织秘密革命团体——共产主义研究会。不久，李铁夫考入日本早稻田大学政治经济科。1924年，李铁夫早稻田大学毕业，回朝鲜任《东亚日报》记者。1926年加入朝鲜共产党，同年被选为朝鲜共产党中央委员。

李铁夫

1928年，李铁夫再度流亡上海，与中国共产党取得联系，并于同年春加入了中国共产党。不久，他被派到华北地区。1931年秋，李铁夫任北平反帝同盟党团书记。根据党的指示，引导群众进行反对日本帝国主义的斗争。自1932年起，李铁夫先后任中共河北省委宣传部长、组织部长，1935年5月，李铁夫代表省委在北平出席反帝同盟党团会议时不幸被捕，但他始终没有暴露自己的身份和党的秘密。

经党组织多方营救，于同年7月被保释出狱。不久，受组织安排，到天津工作，并与天津文化总同盟党团书记张秀岩结婚。当时，由于王明“左”倾机会主义路线的影响，华北党组织遭到严重破坏。对此，李铁夫深感痛心，于1933年11月到1934年2月之间，先后撰写了《关于党内问题的几点建议》《关于目前整顿组织的几点意见》《关于官僚主义的严重性》《“左”倾机会主义的反动性》《党内斗争和自我批评》等10篇文章，阐明对王明“左”倾路线及其一系列方针政策的意见，并一针见血地指出了党在白区工作中存在的严重问题。这表现了李铁夫光明磊落、无私无畏的高尚品德，但却招来了一场反“铁夫路线”、反“取消主义”的错误斗争，使李铁夫受到严重打击。

1935年底，李铁夫恢复了党的组织关系，1936年春，被任命为中共天津市委书记。1937年5月，中共中央在延安召开党的全国代表大会和白区工作会议。李铁夫作为白区代表参加了会议，受到了毛泽东同志的接见。1937年7月，李铁夫因伤寒病不幸逝世于延安桥儿沟休养所。毛泽东同志对铁夫反对王明“左”倾错误给予高度评价。他说：“华北党对于临时中央的冒险路线曾有尖锐的反对意见，其领袖是李铁夫同志。”1945年6月，中共中央为李铁夫立了墓碑，碑文上写道：“朝鲜共产党创始人之一，朝鲜共产党中央委员，中共河北省委书记李铁夫同志之墓。”

“整理敦煌壁画的第一人”——韩乐然

韩乐然夫妇

韩乐然（1898—1947），原名光宇，出生于吉林省龙井市。韩乐然少年时表现出绘画方面的天赋。1919年3月13日，龙井爆发了反日示威游行，韩乐然积极参加了这次示威运动。同年春，韩乐然到海参崴，参加了由社会

韩乐然
绘画作品

主义者组成的进步团体，开始接受马列主义。

1920年夏，韩乐然和一些朝鲜共产主义者一起到中国上海，出版一些马列主义书籍和刊物，宣传马列主义。同时，考上了著名画家刘海粟在上海开办的美术专科学校，半工半读。1922年冬，韩乐然在上海拜见了孙中山先生。

1923年，韩乐然加入了中国共产党，成为中国共产党内最早的朝鲜族党员。不久，根据党的指示，他又加入了国民党。1924年春，韩乐然受中共中央组织部长任弼时派遣，到沈阳建立共产党组织的工作，时改名光宇为乐然。

为了建立工作点，在沈阳创办了一所美术专科学校，任校长。1925年初，中共北方局派任国祯到沈阳抓建党工作，并同韩乐然正式建立了中共沈阳支部，韩乐然在沈阳期间培养的进步青年，多数成为沈阳第一批中共党员。

1925年7月底，韩乐然受党的派遣到哈尔滨，开展地下工作。1926年末，韩乐然又奉党组织的派遣到齐齐哈尔市从事建立党组织工作。1929年夏，韩乐然被党中央调回上海，负责地下党的财务工作。后经党组织同意去欧洲。1931年，韩乐然来到巴黎，进入鲁佛艺术学院学习。在法国期间，韩乐然加入了法国共产党。鲁佛艺术学院毕业后，韩乐然到瑞士、苏联、英国、意大利写生、绘画，几乎走遍了整个欧洲大地。

1937年秋，韩乐然回到祖国，根据党的决定，在东北抗日救亡总会（简称“东总”，在武汉成立，隶属于中共中央长江局，受周恩来直接领导），负责宣传和联络工作，成为“东总”9名党组成员之一。

1939年4月，韩乐然到国民党第七战区司令部，被委任为少将指导员，负责山西、陕西等国共两军接触地带作双方联络工作。1944年晚秋，韩乐然一家迁居甘肃兰州市。1945年10月，为了挖掘、整理祖国灿烂文化艺术瑰宝，韩乐然来到敦煌莫高窟千佛洞，临摹壁画。1946年春，韩乐然到新疆考察壁画。1947年春，韩乐然再次西行考察。通过两次入疆考察，韩乐然进一步认识到祖国西部边陲是个亟待挖掘的艺术宝库。他准备第三次入疆，把祖国文化宝藏挖掘出来，介绍给全世界时，不幸于1947年7月30日，因飞机失事而遇难。新中国成立后，被追认为革命烈士。

中国革命音乐的开拓者——郑律成

“向前，向前，向前，我们的队伍向太阳，脚踏着祖国的大地……”，这是郑律成21岁时为八路军谱写的进行曲，从抗日战争一直到解放战争，成千上万的战士唱着这支歌冲锋陷阵一往无前，迎来了新中国的黎明。

郑律成

郑律成（1918—1976），原名富恩，出生在朝鲜全罗南道光州，杰出的作曲家。1935年，郑律成来到南京，在“朝鲜革命干部学校”学习军事。1934年，郑律成毕业后，留在南京，从事抗日秘密活动。1936年春，郑律成参加了南京五月文艺社，结交了田汉、任光等许多文艺界进步朋友。

1937年，冼星海约郑律成到上海同他长期合作，灌制唱片，并让他继续学习音乐。1937年10月，郑律成到达延安，先后在陕北公学、抗日军政大学、鲁迅艺术学院学习和工作。郑律成于1938年1月加入中国共产党。1938年到1939年，郑律成陆续创作了《延安颂》《延安谣》《保卫大武汉》《生产谣》《寄语阿郎》《十月革命进行曲》《八路军大合唱》等充满革命激情的歌曲。《八路军大合唱》中的《八路军进行曲》，新中国成立后被定为中国人民解放军军歌。郑律成在创作《延安颂》时还不到20岁，创作《八路军大合唱》时也只有21岁。

1941年，郑律成和丁雪松结婚。1943年5月，郑律成参加了延安文艺座谈会。同年8月，他随武亭到太行山任朝鲜革命军政学校教育长，先后谱写了《朝鲜义勇军进行曲》《革命歌》等歌曲。1945年12月，郑律成夫妇回到朝鲜平壤，郑律成任朝鲜黄海道委宣传部长。1947年，郑律成调回平壤，任朝鲜人民军俱乐部部长。此间，他亲自筹建人民军协奏团并兼任团长。1947—1948年，郑律成为朝鲜人民军谱写了《朝鲜人民军进行曲》（朝鲜人民军军歌）、《朝鲜解放军进行曲》《图们江大合唱》《东海渔夫大合唱》等十余部歌曲。

1950年，郑律成夫妇先后回到中国。同年12月，郑律成又随中国人民志愿军创作组奔赴朝鲜前线，冒着枪林弹雨，谱写了《朝鲜人民游击队战歌》《中国人民志愿军进行曲》《亲爱的军队亲爱的人》《歌唱白云山》等作品。

新中国成立后，郑律成踏遍了中国各地。他先后四次深入云南大理等地区体验生活，创作了新中国第一部以传统题材进行创作的大型歌剧《望夫云》和森林组歌《兴安岭上雪花飘》等作品。1976年12月，郑律成因高血压引起脑出血，不幸逝世于北京昌平。郑律成一生创作了300多首歌曲，他的歌曲不仅在国内受到人民群众的喜爱，而且在国际上也享有极高的声誉。

2009年，郑律成被评为100位新中国成立作为突出贡献的英雄模范之一。

“电影皇帝”——金焰

金焰（1910—1983），原名金德麟，出生于朝鲜汉城。1912年，金焰全家移居中国吉林通化，1916年定居于黑龙江省齐齐哈尔市。1918年，父亲惨遭日寇杀害，金焰由姑家寄养。金焰15岁

金焰

时考进天津南开中学读书。1927年春，金焰在上海民新影片公司当场记，开始踏进电影界。后来，金焰加入了南国艺术剧社。在田汉的帮助教育下，主演田汉编写的电影，并以此而感到骄傲。

1932年上海一·二八事变后，田汉为了躲避国民党的搜捕，暂住在金焰宿舍。1935年，田汉被捕，被送到南京监狱关押，金焰去南京秘密进行营救活动，终于把田汉营救出来。

自1929年，金焰担任了编导孙瑜的《风流剑客》男主角获得成功起，直到1932年，金焰已经主演了《野草闲花》《恋爱和任务》《桃花泣血记》《野玫瑰》《黄金时代》《壮志凌云》等十多部影片。金焰朴实、自然、真挚、热情的演技日臻成熟，蜚声影坛，名扬全国，获得了“电影皇帝”的桂冠。

金焰一生共出演了34部电影和许多话剧。新中国成立后，他怀着满腔热情积极投入了《大地重光》《伟大的起点》《母亲》《暴风雨中的雄鹰》等影片的拍摄工作，塑造了一大批朝气蓬勃、勇往直前的各类性格不同的人物形象。金焰先后担任上海电影制片厂演员剧团团长、艺术委员会副主任等职务，曾先后被选为上海市第一、二、三、四、五届人大代表、上海市政协第一届常委和第五届委员、中国电影协会理事、上海市文联委员。1983年，金焰因病逝世，终年73岁。

梁瑞凤

梁瑞凤（1895—1934），出生于朝鲜平安北道铁山郡西北面莲山洞，由于家境贫寒，从小跟随父母贩卖布匹，打短工。1910年，日本帝国主义强迫朝鲜政府缔结了《日韩合并条约》，公然实行法西斯殖民统治，梁瑞凤目睹日本帝国主义的野蛮罪行，心中燃起了抗日的怒火。

抗日名将梁瑞凤塑像

1919年，朝鲜爆发三一抗日运动，在斗争中认识到只有拿起武器才能赶走侵略者。他毅然离开家乡，投奔到义州天摩山队活动，天摩山队越过鸭绿江在辽宁省宽甸地区活动。当时，另一支反日武装光军总营也在宽甸一带活动。不久这两支抗日力量联合起来，进行了艰苦卓绝的反日斗争。

1929年4月，参义府、正义府、新民府联合成立了国民府，梁瑞凤任国民府第一中队长。12月，朝鲜革命军成立，梁瑞凤任副总司令。

兴京事件后，国民府和朝鲜革命党都遭到沉重打击。这时任朝鲜革命军第三中队长的梁瑞凤主持召开了革命军各部队领导人会议，会上推举出梁瑞凤担任朝鲜革命军军长。朝鲜革命军在梁瑞凤的领导下，在各地发动群众，初步形成以新宾旺清门为中心的朝鲜革命军抗日根据地。1932年3月，伪满洲国于长春成立。3月21日，东北军某部原副团长唐聚五在桓仁师范学校召开了一万多名义勇军和群众参加的抗日宣誓大会，会上宣布正式成立“辽宁抗日民众自卫军”。梁瑞凤听到这一消息后激动不已，到通化与唐聚五磋商联合一事。他们很快就达成了联合协议。5月初，梁瑞凤应唐聚五的邀请，把朝鲜革命军转移到通化。

辽宁抗日民众自卫军总司令部，下设特务队和宣传大队，都由朝鲜革命军成员组成，梁瑞凤任特务司令。朝鲜革命军编入辽宁抗日民众自卫军特务队后，在梁瑞凤的指挥下，与自卫军一起到处打击敌人，扰乱了敌人的后方。辽宁抗日民众自卫军在兴京、清原、抚顺、凤城、本溪等地多次同日伪军作战，给敌人以沉重的打击。

敌人把梁瑞凤视为眼中钉，派遣特务策划谋杀梁瑞凤。关东军特务朴昌海在通化日本领事馆操纵下，一直刺探梁瑞凤的行踪。他得知梁瑞凤驻地后，就收买了认识梁瑞凤的山林头目，以联合抗日作幌子，诱骗梁瑞凤前去谈判。1934年9月16日，梁瑞凤带了几名卫兵和干部，一同前往。前面有两位战士开路，后面有两位战士做警戒，山林头目和梁瑞凤并排走着。当他们来到新宾响水河子小荒沟附近时，前面有一片望不到边的高粱地，他们只好从田间小路穿过。走到高粱地中间时，山林头目和埋伏在这里的朴昌海和日军向梁瑞凤一行开枪，梁瑞凤连中三弹倒了下去。由于伤势过重，壮烈牺牲，当时只有39岁。

1937年，杨靖宇亲自为梁瑞凤、高而虚等朝鲜革命军战士举行追悼会，杨靖宇亲书挽联“一悲一喜”，献给梁瑞凤将军。

尹东柱

尹东柱（1917—1945），著名诗人。原名尹海波，吉林省龙井市智新镇明东村人。1925年入明东小学，1932年考入龙井恩真中学，1934年12月，发表诗《生与死》《一支蜡烛》《没有明天》等三篇处女作。1935年9月，入朝鲜平壤崇实中学，10月发表《空想》。1936年，尹东柱回到龙井，转入光明中学，先后发表《小鸡》《扫帚》《基督教少年》《撒谎》《吃什么活着》等诗篇。1938年4月考入首尔延禧专门学校，1939年在《朝鲜日报》上发表散文《射月亮》和诗《遗言》《弟弟的印象》等作品，代表作有《序诗》《新路》，1941年提前毕业。1942年，尹东柱入日本东京立教大学文学部，后转入同洛社大学。1943年7月，因参加朝鲜独立运动，被下押警察署逮捕。1944年3月，被判两年徒刑。1945年2月，尹东柱在日本福冈监狱逝世，时年29岁。

尹东柱

短暂生涯中，共发表117篇诗和散文，成为了抗战时期爱国主义诗人的典范。

▲ 尹东柱诗碑

朱德海

朱德海（1911—1972），原名吴基涉，出生于俄罗斯滨海边疆区双城。1920年3月，来到吉林省和龙县公立第十四小学读书，小学毕业后帮助家庭种地。

1930年2月，朱德海离家到黑龙江宁安县，同年8月，加入中国共产主义青年团，并担任团支部书记。1931年5月，朱德海加入中国共产党。

1932年9月，朱德海前往密山开辟新的抗日游击区。1933年3月，朱德海任密山县哈达河新组建的党支部书记。同年10月，任密山县西林子党支部书记。1934年，东北人民革命军四军党委任命朱德海为第四军后方留守处党支部书记。

1936年4月，朱德海奉命去苏联莫斯科东方劳动大学学习。1938年夏，朱德海结束东方劳动大学的学习，第二年经乌鲁木齐，于9月抵达革命圣地延安。任八路军三五九旅第八团特务连指导员和八团供给处指导员。1943年，朱德海参加延安朝鲜革命军政学校的筹建工作，任校党委委员、教务委员兼总务处长。

◀ 朱德海

1945年8月，日本投降。朱德海奉朱德总司令之命，离开延安，开赴东北。于同年11月底到达哈尔滨，着手进行朝鲜义勇军第三支队的组建工作。同年12月底，朱德海任朝鲜义勇军第三支队政治委员。第三支队在宾县、木兰、通河、东兴、方正、延寿、尚志等地剿匪，建立了以延寿为中心的地方政权，巩固了后方根据地。

1946年4月，第三支队进驻哈尔滨，7月改编为松江军区第八团，朱德海任政治委员，负责哈尔滨市卫戍工作，维持社会治

朱德海纪念碑

安，保卫革命成果。1948年4月，朱德海被调到东北行政委员会民政部任民族事务处处长。期间，经朱德海建议创办了《民主日报》，设立了朝鲜族干部学校，培训了不少民族干部。1949年3月，朱德海被派到延边任中共延边地委书记兼延边专员公署专员。6月，朱德海代表延边各族人民进京出席中国人民政治协商会议筹备会议，参与了创建中华人民共和国的政治协商工作。9月，朱德海当选为中国人民政治协商会议第一届全国委员会委员，10月1日参加了开国大典。1952年9月3日，延边朝鲜族自治区成立，朱德海当选为自治区首任主席。1955年12月，自治区改为自治州。

1949年4月，延边大学成立，朱德海兼任校长。在朱德海的努力下，延边又创办了农学院、医学院、汉语师范学校、卫生学校、财贸学校和艺术学校，培养出大批各种专业人才和干部。1952年以后，朱德海担任州委书记、州长、中共中央候补委员、吉林省副省长、延边军区第一政委、州政协主席等许多重要职务。

“文化大革命”期间，朱德海遭到林彪、江青反革命集团的残酷迫害，1972年7月去世。1978年6月，中共吉林省委为朱德海平反昭雪，恢复了名誉。1986年6月，根据中央指示，在延边竖立了朱德海纪念碑。胡耀邦亲笔题写了“朱德海同志纪念碑”碑名。

卢基舜

卢基舜（1893—1957），著名的生物化学家，延边大学医学院第一任院长。1893年2月2日，他出生在朝鲜黄海道雍津一个贫苦农民家庭。1915年4月，考入日本九州帝国大学医学部，1917年5月毕业。他的四篇文章在《日本生物化学》杂志上用德文发表，其论文摘要还发表在美国的《化学文摘》（英文版）上。1948年1月，他在任中国医科大学第一分校的教授时，亲自培养了200多名战地医务人员，并将他们送上前线服务。

卢基舜

1946年10月，他担任了龙井医科大学校长，他把心血都花在培养青年教师和医务人员身上。1952年，他首次成功地进行了一例胃癌的手术（患者是延边医院儿科黄基英主任）。从此延边医学院有个神医成为传说，吸引来东北许多朝鲜族的重症患者。他就是这样把自己毕生的心血都献给了医学教育事业。1988年8

卢基舜铜像

月，延边医学院创建40周年纪念日时，学校在医学院东侧竖立了他的半身铜像。

金学铁

金学铁（1916—2001），1916年出生于朝鲜咸镜南道元山。1934年在朝鲜汉城念完高中，第二年来到上海。1936年加入朝鲜民族革命党。1937—1938年毕业于中央陆军军官学校（黄埔军校），就任国民党军少校参谋。同年10月，在武汉组建朝鲜义勇队时，加入朝鲜义勇队第一支队。1940年8月，加入中国共产党。1941年12月，在河北省元氏县胡家庄对日战斗中腿部负伤后被俘，1942年移送到日本长崎监狱收监。日本投降后，1945年10月出狱。同年11月参加朝鲜独立同盟，任汉城市委员会委员。1946年11月到朝鲜。1947年先后担任朝鲜《劳动新闻》记者、《人民军新闻》主编。1951年1月到北京，在中央文学研究所从事文学创作活动。1952年10月，到吉林省延边就任延边文学艺术界联合会筹备委员会主任。曾任中国作家协会延边分会副主席，在“文革”期间受到迫害和打击。2001年9月病故。

金学铁

金学铁从1936年开始从事文学创作活动，自1946年发表成名之作《烟叶汤》以来，陆续发表了50多篇短篇小说，先后出版了短篇小说集《军功章》《乔迁之喜》《苦闷》和中篇小说《繁荣》《泛滥》，长篇小说《说吧，海兰江》（1954）、《激情时代》（1986），长篇传记《抗战别曲》等很多作品。还用朝鲜文翻译了果戈理的《钦差大臣》、鲁迅的《阿Q正传》、丁玲的《太阳照在桑干河上》等中外名著。其中《说吧，海兰江》是新中国成立后朝鲜族作家创作的第一部长篇小说。小说选取了抗日武装斗争这样一个具有重大历史意义的主题，把许许多多壮烈动人的事迹和斗争场面连接成一个比较完整的历史画面，填补了新中国成立前小说创作的空白。

赵南起

赵南起，1927年出生于吉林省永吉县。1945年参加东北民主联军。1947年加入中国共产党。1945—1947年，在东北军政大学吉林分校学习。1947年12月—1948年3月，在延边地委组织部任文书。1948年3月—1950年10月，先后担任延边地委总务科副科长、地委秘书、中共吉林省委政策研究室研究员。1950年10月参加抗美援朝，先在中国人民志愿军司令部作战处任参谋，后在后勤司令部任参谋。他为及时运输供应前线部队的作战物资，为保证各次战役的胜利，做了许多艰苦细致的工作，出色地完成了党交给他的重要任务。朝鲜停战后，1955年调到北京，入解放军后勤学院指挥系学习。1958年毕业后，分配到吉林省军区延边分区工作，历任政治部副主任、主任、副政委、第二政委、中共延边州朝鲜族自治委员会副书记等。在“文化大革命”期间，他坚持党的原则，反对林彪、“四人帮”的极左路线及其对延边地区的恶劣影响，尽力保护朱德海等老革命干部。1973年4月—1977年4月，任通化军分区政委。1977年4月—1978年10月，任吉林省军区政治部主任。1978年10月—1979年6月，担任吉林省延边军分区第一政委。1978年4月—1985年3月，历任中共吉林省延边朝鲜族自治州委第一书记、州革委会主任、州人大常委会主任、吉林省副省长、中共吉林省委副书记、书记等。赵南起在党的第十二大、十三大、十四大当选为中共中央候补委员、中共中央委员。1985年调到北京，历任中国人民解放军总后勤部副部长、部长、中央军委委员，1988年被授予上将军衔，1992年调任军事科学院院长，1997年当选为全国政协副主席。

◀ 赵南起

"空中坦克"——李永泰

李永泰，1928年出生于吉林通化，1945年参加八路军，1946年加入中国共产党。东北解放军战争结束后，被选入我军新建的航空学校学习，1950年毕业时，因各科学习成绩优秀，立一等功，成为新中国培养出来的第一代飞行员。1950年，朝鲜战争爆发，他带领一个飞行大队飞越鸭绿江。在三年的空战中打落四架F-86型美军飞机、打伤多架敌机，立下赫赫战功，被誉为"空中坦克"、"空中英雄"。朝鲜战争结束后，李永泰历任飞行团团长、副师长、师长、副军长、武汉军区空军副司令员。1982年调任中国人民解放军空军副司令员，1988年被授予空军中将军衔。在四十多年的空军部队工作中，为保卫祖国的神圣领空，促进空军的现代化，培育大批飞行员和空军指挥员，为提高空军战斗力，立下了汗马功劳。他先后当选为第五届、第七届全国人大代表、第八届全国人大常委会委员、人大常委会民族委员会委员，为促进我国空军的现代化、加强民族工作，继续做出新贡献。

李永泰

参考文献

史籍文献

1. 王念孙. 广雅疏证·管子
2. 四库全书·山海经
3. 十三经注疏本·尚书
4. 淮南子. 南京：凤凰出版社，2009
5. 史记（清代武英殿版）
6. 后汉书（清代武英殿版）
7. 阿桂. 满洲源流考. 孙文良，陆玉华点校. 沈阳：辽宁民族出版社，1988
8. 东国舆地胜览（奎藏阁版）
9. 李肯翊. 燃藜室记述
10. 朝鲜王朝实录（奎藏阁版）
11. 日本国会图书馆. 朝鲜关系资料目录日本文编（1868—1965）

时人论著

1. 黑龙江社会科学院地方党史研究室，东北烈士纪念馆编. 东北抗日烈士传第1辑. 哈尔滨：黑龙江人民出版社，1980
2. 黑龙江社会科学院地方党史研究室，东北烈士纪念馆编. 东北抗日烈士传第2辑. 哈尔滨：黑龙江人民出版社，1980
3. 黑龙江社会科学院地方党史研究室，东北烈士纪念馆编. 东北抗日烈士传第3辑. 哈尔滨：黑龙江人民出版社，1980
4.《中国少数民族》编写组编. 中国少数民族. 北京：人民出版社，1981
5. 黄有福著. 中国少数民族服饰·朝鲜族服饰部分. ［日本］美乃美，1981
6.《朝鲜族简史》编写组编. 朝鲜族简史. 延吉：延边人民出版社，1986
7. 孙继英等编著. 东北抗日联军第一军. 哈尔滨：黑龙江人民出版社，1986
8. 霍辽原等编著. 东北抗日联军第二军. 哈尔滨：黑龙江人民出版社，1986
9. 刘文新编著. 东北抗日联军第五军. 哈尔滨：黑龙江人民出版社，1985
10. 元仁山编著. 东北抗日联军第七军. 哈尔滨：黑龙江人民出版社，1987
11. 叶忠辉等编著. 东北抗日联军第八—十一军. 哈尔滨：黑龙江人民出版社，1986

12. 黄龙国主编. 朝鲜民族革命斗争史（朝文）. 沈阳：辽宁民族出版社，1988

13. 黄有福著. 中国朝鲜民族研究. 沈阳：辽宁民族出版社，1989

14. 金东勋，金昌浩著. 朝鲜族文化. 长春：吉林教育出版社，1990

15.《中国朝鲜族教育史》编写组. 中国朝鲜族教育史. 延吉：东北朝鲜族教育出版社，1991

16. 黄有福，金香著. 中国古代北方民族文化史》朝鲜族文化部分，哈尔滨：黑龙江人民出版社，1993

17. 金扬著. 抗日斗争50年（朝文）. 沈阳：辽宁民族出版社，1995

18. 朴昌昱著. 中国朝鲜族历史研究. 延吉：延边大学出版社，1995

19. 黄有福著. 中国朝鲜族社会文化研究（朝文）. 沈阳：民族出版社，1996

20. 金宇钟，李东源著. 安重根义士（朝文）. 哈尔滨：黑龙江朝鲜民族出版社，1998

21. 中共延边州委党史研究室编印. 东满地区革命历史文献汇编上、下册，2000

22. 潘龙海，黄有福主编. 跨入21世纪的中国朝鲜族. 延吉：延边大学出版社，2002

23. 黄有福著. 中国的朝鲜语学校（朝文），［韩国］图书出版高句丽，2002

24. 黄有福著. 中国朝鲜族社会文化再探（朝文）. 沈阳辽宁民族出版社，2003

25. 李光仁著. 朝鲜族抗日人物志（朝文1–4卷）. 北京：民族出版社，2007

26. 黄有福，廉松心著. 舒兰朝鲜族现状与发展研究. 北京：中国社会科学出版社，2008

27. 黄有福，柳京宰主编. 朝鲜族的经济文化社会研究（朝文）. 北京：民族出版社，2008

28. 黄有福主编. 中国朝鲜族史研究2008. 北京：民族出版社，2009.

29. 孙春日著. 中国朝鲜族移民史. 北京：中华书局，2009.

30.《朝鲜族简史》修订本编写组. 朝鲜族简史. 北京：民族出版社，2009

31. 黄有福主编. 中国朝鲜族史研究2009（朝文）. 北京：民族出版社，2011

32. 黄有福，南龙海主编. 改革开放30周年，朝鲜族社会的变化与发展（朝文）. 北京：民族出版社，2011

网络资料

1. 百度百科：http：//baike.baidu.com

2. 延边歌舞团：www.ybgwt.cn

3. 延边大学：www.ybu.edu.cn

4. 延边旅游·朝鲜族民俗网：www.51ybyou.com

5. 辽宁省文化厅：www.lnwh.gov.cn

5. 吉林省人民政府：www.jl.gov.cn

后记

在一本篇幅有限的普及性读物中，详详细细地介绍一个民族是不大可能的事情。正如杜甫所说，“文章千古事，得失寸心知”，写作中的甘苦得失只有作者自己心里知道。开始写作时，想尽量多反映有关朝鲜族研究的最新学术成果，但初稿完成后发现书稿的学术气氛太浓，影响了书的通俗性和趣味性。为了达到通俗性和科学性的和谐结合，经过重新修订忍痛割爱，去掉了一部分新的研究成果，现在带着几分遗憾的心情终于要封笔了。

朝鲜族是从朝鲜半岛迁移过来的移民及其后代构成的民族群体，是中国少数民族成员之一。150多年来，朝鲜族人民以自己的辛勤劳动，披荆斩棘，开发了祖国的东北边疆。同时，朝鲜族人民积极参加了中国人民的反帝反封建革命斗争，尤其是在抗日战争和解放战争中，用鲜血写下了可歌可泣的英雄诗篇。在这些历史进程中，朝鲜族人民成为了中国多民族大家庭的成员之一。

中国共产党早在1928年《中国共产党第六次全国代表大会关于民族问题的决议案》中，首次把“满洲之高丽人”列入中国少数民族范畴，并且在六大之后的党的重要文件中始终重视和关心朝鲜族问题。可见中国共产党对朝鲜族的承认和关心与朝鲜族迁移来中国的历史相比是非常早的。但是在1952年以前称呼朝鲜族以“高丽人”“朝鲜人”等不同的名称。我国在1950—1954年进行第一次民族识别工作以后开始规范民族名称，“朝鲜人”也改称为“朝鲜族”。本书在注重通俗性的同时，尽可能地规范了有关朝鲜族民族、族群、历史、文化等方面的概念。

目前，社会上仍然有不少人错误地解读“朝鲜族”，甚至一些学者也以为“朝鲜族” 是“朝鲜民族”的简称，把“朝鲜人”和“朝鲜族”混为一谈。“朝鲜族”一词并非“朝鲜民族”的简称，实际上是专指“享有中国国籍的朝鲜民族”。对“朝鲜族”的另一种误解是：在研究新中国成立前历史文献资料时，见到“朝鲜人”便以现在的概念解释为，那不是朝鲜族，而是外国人。

民族文化是一个民族群体成员共享的行为、思想和感觉的方式及其产品。朝鲜族文化也就是朝鲜族群体成员共享的文化。朝鲜族文化的身份(identity)与朝鲜族民族认同性有着直接的关联。中国的朝鲜族虽然已经成为了中国公民，但他们仍保持了具有独特个性的文化。所以我们可以从不断创新出来的新的朝鲜族文化中寻找朝鲜族文化的身份。朝鲜族文化既不是新中国成立前的朝鲜文化，也不是现在的朝鲜或韩国文化，而是我国朝鲜族不断创新得来的新的文化。

本书的第一章介绍了朝鲜族先民迁入我国的移民历史和东北边疆的开发过程以及朝鲜族的族称。其中朝鲜族族称部分的论述已被国家民委办公厅采纳，形成“国家民委办公厅关于正确使用朝鲜族族称的函”转发给了中宣部、公安部，以便“告知有关新闻媒体”正确使用朝鲜族族称。遗憾的是由于受篇幅的制约，没能介绍朝鲜族的族源。第二章介绍了朝鲜族教育发展的历程。第三章、第四章分别介绍了朝鲜族风俗习惯和民族文化。第五章介绍了朝鲜族人民积极参加中国人民的反帝反封建革命斗争，用鲜血写下的英雄诗篇。第六章介绍了朝鲜族的人口分布及民族区域自治现状。最后一章选择了15位朝鲜族各界名人加以介绍。

在本书写作过程中，参阅了有关朝鲜族的众多论著，并使用了李广平、辛承佑、车京瞬等多位摄影家提供的照片和屋们朝鲜族服饰店提供的朝鲜族服饰图片以及网上的图片，因为编写时间仓促，与图片作者联系不上，在此谨志谢意，并请图片作者与出版社或作者联系。

黄有福

2014年6月18日